Scoprire i Giochi Gratuiti Online

Disponibile Qui:

BestActivityBooks.com/FREEGAMES

5 CONSIGLI PER INIZIARE

1) COME RISOLVERE LE PAROLE INTRECCIATTE

I puzzle hanno un formato classico:

- Le parole sono nascoste senza spazi o trattini,...
- Orientamento: Le parole possono essere scritte in avanti, indietro, verso l'alto, verso il basso o in diagonale (possono essere invertite).
- Le parole possono sovrapporsi o intersecarsi.

2) APPRENDIMENTO ATTIVO

Accanto ad ogni parola c'è uno spazio per scrivere la traduzione. Per incoraggiare l'apprendimento attivo, un **DIZIONARIO** alla fine di questa edizione vi permetterà di controllare e ampliare le vostre conoscenze. Cerca e scrivi le traduzioni, trovale nel puzzle e aggiungile al tuo vocabolario!

3) SEGNARE LE PAROLE

Puoi inventare il tuo sistema di segni. Forse ne usi già uno? Per esempio, puoi segnare le parole difficili da trovare con una croce, le parole preferite con una stella, le parole nuove con un triangolo, le parole rare con un diamante, e così via.

4) STRUTTURARE L'APPRENDIMENTO

Questa edizione offre un **TACCUINO** alla fine del libro. In vacanza, in viaggio o a casa, puoi organizzare facilmente le tue nuove conoscenze senza bisogno di un secondo quaderno!

5) AVETE FINITO TUTTE LE GRIGLIE?

Nelle ultime pagine di questo libro, nella sezione della **SFIDA FINALE**, troverete un gioco gratuito!

Facile e veloce! Dai un'occhiata alla nostra collezione di libri di attività per il tuo prossimo momento di divertimento e **apprendimento,** a portata di clic!

Trova la tua prossima sfida su:

BestActivityBooks.com/MioProssimoLibro

Ai vostri posti, pronti...Via!

Sapevi che ci sono circa 7.000 lingue diverse nel mondo? Le parole sono preziose.

Amiamo le lingue e abbiamo lavorato duramente per creare libri di altissima qualità. I nostri ingredienti?

Una selezione di argomenti adatti all'apprendimento, tre buone porzioni di intrattenimento, una cucchiaiata di parole difficili e una spolverata di parole rare. Li serviamo con amore e entusiasmo in modo che tu possa risolvere i migliori giochi di parole e divertirti imparando!

La vostra opinione è essenziale. Puoi partecipare attivamente al successo di questo libro lasciandoci un commento. Ci piacerebbe sapere cosa ti è piaciuto di più di questa edizione.

Ecco un link veloce alla pagina dell'ordine:

BestBooksActivity.com/Recensione50

Grazie per il vostro aiuto e buon divertimento!

Tutta la squadra

1 - Scacchi

```
D E P S C H W A R Z I B K S
I C L J G H N H J U Q Z L P
A Z U S T R A T E G I E U I
G F N X K B O M R U Y I G E
O I U G S W O S P T R T F L
N R E G E L N P M I E K H E
A V Z R M Y U I F W O Ö J R
L E A E E N E E L E E N P D
S G H R K U U L E Y R I A H
W E T T B E W E R B C G S S
S G K Ö N I G I N V C S S S
C N C Y G O D E E E J H I T
V E D K U O P U N K T E V D
M R T U R N I E R Y X T E Q
```

GEGNER
WEISS
CHAMPION
WETTBEWERB
DIAGONAL
SPIELER
SPIEL
KLUG
SCHWARZ
PASSIV

LERNEN
PUNKTE
KÖNIG
KÖNIGIN
REGELN
OPFER
STRATEGIE
ZEIT
TURNIER

2 - Aggettivi #2

```
D B N W S T H G E S U N D T
R N E P B S E H A K E I U R
A A V R M R I B U N L N S O
M G O Z Ü T S R T N E T A C
A S Ü S S H S Z H O G E L K
T S D U S P M S E R A R Z E
I K Y I H T V T N M N E I N
S T A R K U Z O T A T S G G
C R V Y T E X L I L Z S X Z
H U R E I N G Z S P E A X T
T K B N N F X T C Y R N D Q
W D X Y E Y A H H K P T I Z
E P R O D U K T I V Y C K R
B E S C H R E I B E N D M T
```

HUNGRIG	STARK
TROCKEN	INTERESSANT
AUTHENTISCH	NORMAL
HEISS	NEU
BESCHREIBEND	STOLZ
SÜSS	PRODUKTIV
DRAMATISCH	REIN
ELEGANT	SALZIG
BERÜHMT	GESUND

3 - Mobili

```
S  P  I  E  G  E  L  Y  O  A  G  N  K  X
M  A  T  R  A  T  Z  E  X  N  I  F  B  P
X  H  T  S  K  I  S  S  E  N  S  S  Ü  V
D  B  D  J  W  R  E  G  A  L  C  C  C  W
H  E  T  W  I  F  S  R  K  L  H  H  H  P
K  Ä  T  C  B  P  S  M  G  K  R  R  E  T
W  P  N  Y  Z  G  E  G  Q  Q  A  E  R  M
A  L  N  G  R  E  L  W  V  B  N  I  R  L
P  A  L  T  E  P  P  I  C  H  K  B  E  X
K  M  E  P  L  M  L  C  C  B  R  T  G  N
B  P  V  O  R  H  A  N  G  O  N  I  A  X
A  E  G  D  S  F  U  T  O  N  U  S  L  T
N  S  T  U  H  L  E  B  T  K  W  C  Z  V
K  X  C  T  A  M  J  U  G  E  A  H  H  A
```

HÄNGEMATTE	BANK
SCHRANK	SESSEL
KISSEN	REGAL
COUCH	SCHREIBTISCH
FUTON	STUHL
LAMPE	SPIEGEL
BETT	TEPPICH
BÜCHERREGAL	VORHANG
MATRATZE	

4 - Pesca

```
A W E P A W M Q Q T U M Q F
K U Q M B T I B H G Q Y A L
D O S G E W I C H T B R H O
B Z C R A Z Z U D X A S K S
O E E H Ü K Ö D E R H E O S
O A R F E S B F X Z A E R E
T N N E R N T L T U K K B N
K I E M E N Y U W K E I Q D
V F M M P D B S N Z N E L R
S T R A N D M S M G L F Q A
U D Q L W A S S E R K E Y H
J N G E D U L D M N X R P T
J A H R E S Z E I T A O R Y
Ü B E R T R E I B U N G I F
```

WASSER   HAKEN
AUSRÜSTUNG   SEE
BOOT   KIEFER
KIEMEN   OZEAN
KORB   GEDULD
KOCHEN   GEWICHT
ÜBERTREIBUNG   FLOSSEN
KÖDER   STRAND
DRAHT   JAHRESZEIT
FLUSS

5 - Aggettivi #1

```
L S E H R L I C H G R R Z L
P G X S E D U G M R I V R A
E F O C H D Ü J R O E F O N
R U T H R E T N W S S U W G
F U I W G O A E N S I I I A
E M S E E T H W C Z G D C R
K A C R I R E R V Ü K E H O
T A H C Z F T V Q G G N T M
J S B I I K X V B I S T I A
B H H S G Y W E O G Y I G T
I Q I M O D E R N L R S Q I
G R O S S L J U N G L C T S
A K T I V O U D R Y E H Z C
L A N G S A M T M S Z H S H
```

EHRGEIZIG	WICHTIG
AROMATISCH	LANGSAM
ABSOLUT	LANG
AKTIV	MODERN
RIESIG	EHRLICH
EXOTISCH	PERFEKT
GROSSZÜGIG	SCHWER
JUNG	WERTVOLL
GROSS	DÜNN
IDENTISCH	

6 - Geologia

```
S I K H Z K H R Q R F V Q E
T Q U A R Z O O J H O U U R
A K Y J L J J R R Ö S L K D
L R I Z S Z R H A H S K W B
A I M N I T I T I L I A S E
K S I W N E U D E L N Ä B
T T N V F A B I M I N E U E
I A E S A L Z Q N V H X R N
T L R S T A L A G M I T E N
O L A G E Y S I R J W H T I
L E L V K O N T I N E N T W
H F I E R O S I O N B S L P
G N E M S C H I C H T L N C
N H N B S W Y K D L A V A R
```

SÄURE   MINERALIEN
KALZIUM   STEIN
HÖHLE   QUARZ
KONTINENT   SALZ
KORALLE   STALAGMITEN
KRISTALLE   STALAKTIT
EROSION   SCHICHT
FOSSIL   ERDBEBEN
GEYSIR   VULKAN
LAVA

7 - Campeggio

```
B F K Y C X Y K O M P A S S
Ä E F A I L E A Q Q F Z P M
U U E R R Z D B E R G E A X
M E C Q J T P I U Z S L S I
E R M G X N E N A Z O T S N
L V Z H Ä N G E M A T T E B
I Z Q N T A B E N T E U E R
W X H L I M O N D H J G P A
I A W U E N A T U R S A O P
D N L J R M S B K S W H G T
Q L G D E Y E X A S E E P D
I N S E K T I Q N Y B B Q O
Z Y J Q B Y L H U T G B U E
B Q K J F U O G B C S B H Q
```

BÄUME	SPASS
HÄNGEMATTE	WALD
TIERE	FEUER
ABENTEUER	INSEKT
KOMPASS	SEE
KABINE	MOND
JAGD	KARTE
KANU	BERG
HUT	NATUR
SEIL	ZELT

8 - Arti Visive

```
S W Y K F I L M H L A C K M
C T A R C H I T E K T U R E
H O I C U A D J Q G Q M E I
A N I F H J X L F S X Q A S
B F S Y T S C B L K E V T T
L H O U G I V L K U A S I E
O I O S T A F F E L E I V R
N K L L E K O W R P P G I W
E X I U Z M T C A T O E T E
C A C M Y K O C M U R M Ä R
K R E I D E O K I R T Ä T K
U Q O D P T I H K F R L C C
K Ü N S T L E R L U Ä D C B
B L E I S T I F T E T E D T
```

ARCHITEKTUR	FOTO
TON	KREIDE
KÜNSTLER	BLEISTIFT
MEISTERWERK	STIFT
HOLZKOHLE	GEMÄLDE
STAFFELEI	PORTRÄT
WACHS	SKULPTUR
KERAMIK	SCHABLONE
KREATIVITÄT	LACK
FILM	

9 - Esplorazione

```
U R S U C H E C K B S T R Y
N G A U F R E G U N G I E H
B E Q U F C E E L T M E I U
E F V Z M A S L T G Y R S W
K Ä T F X X K Ä U N H E E D
A H F N L D N N R F M X G K
N R W T E N T D E C K U N G
N L Q U F K G E N X J L W S
T I A K T I V I T Ä T E I P
Q C G E F A H R E N Q R L R
M H H M P B W D P N X N D A
L U U A M A X X G X W E Y C
O H T N E U U U J W O N A H
E R S C H Ö P F U N G J O E
```

TIERE	GEFAHREN
AKTIVITÄT	GEFÄHRLICH
MUT	SUCHE
KULTUREN	UNBEKANNT
AUFREGUNG	ENTDECKUNG
ERSCHÖPFUNG	WILD
SPRACHE	RAUM
NEU	GELÄNDE
LERNEN	REISE

10 - Tempo

```
M  V  J  Ä  H  R  L  I  C  H  K  N  Z  W
I  O  C  C  G  E  S  T  E  R  N  A  U  Z
T  R  R  I  W  A  U  S  A  S  T  C  K  J
T  A  N  G  P  B  H  T  C  R  W  H  U  A
A  Q  K  H  E  X  R  U  E  N  U  T  N  H
G  J  A  H  R  N  C  N  N  P  S  C  F  R
M  I  N  U  T  E  Q  D  Y  F  E  F  T  Z
L  F  L  O  K  A  L  E  N  D  E  R  Q  E
K  K  R  X  M  Q  B  G  Z  F  B  R  X  H
L  M  W  L  N  T  I  Z  U  A  T  F  T  N
J  O  O  K  B  A  L  D  H  N  M  L  R  T
W  N  C  Y  H  G  Y  W  Y  A  A  C  Q  T
J  A  H  R  H  U  N  D  E  R  T  C  S  Z
Q  T  E  F  W  Z  O  K  P  X  L  Z  H  E
```

JAHR	MITTAG
JÄHRLICH	MINUTE
KALENDER	NACHT
JAHRZEHNT	HEUTE
NACH	STUNDE
ZUKUNFT	UHR
TAG	BALD
GESTERN	VOR
MORGEN	JAHRHUNDERT
MONAT	WOCHE

11 - Astronomia

```
A S T E R O I D A A O I S K
L D G P F L M U S S B B T O
N H I M M E L N T T S S R S
K Y Z E O R P I R R E N A M
X P U T N D L V O O R E H O
T Q G E D E A E N N V B L S
U E A O Z F N R A O A E U U
L G L R L I E S U M T L N P
S P A E R E T U T C O R G E
F Q X K S B Y M T X R Y J R
V Q I R A K E T E T I F M N
V V E J Z R O I N Q U H H O
L C I M S U K P J U M J B V
S C H W E R K R A F T K F A
```

ASTEROID
ASTRONAUT
ASTRONOM
HIMMEL
KOSMOS
GALAXIE
SCHWERKRAFT
MOND
METEOR

NEBEL
OBSERVATORIUM
PLANET
STRAHLUNG
RAKETE
SUPERNOVA
TELESKOP
ERDE
UNIVERSUM

12 - Circo

```
Z  B  Y  X  Y  Z  A  U  B  E  R  E  R  Z
Z  E  A  E  I  E  L  R  D  W  F  W  S  U
C  T  I  L  C  L  O  W  N  J  I  Q  P  S
C  R  Z  G  L  T  Q  Z  Y  O  C  X  E  C
T  I  E  R  E  O  V  B  K  N  S  G  K  H
I  C  X  V  P  N  N  N  O  G  A  O  T  A
G  K  J  I  A  B  D  S  S  L  I  I  A  U
E  F  A  H  R  K  A  R  T  E  N  C  K  E
R  I  Y  I  A  B  C  H  Ü  U  Y  L  U  R
W  N  A  T  D  T  N  S  M  R  N  Ö  L  P
A  W  I  W  E  K  C  G  I  U  D  W  Ä  M
A  K  R  O  B  A  T  K  S  Z  S  E  R  E
J  T  M  A  G  I  E  K  W  M  Q  I  K  I
A  F  F  E  E  L  E  F  A  N  T  Y  K  I
```

AKROBAT	ZEIGEN
TIERE	MUSIK
FAHRKARTE	BALLONS
CLOWN	PARADE
KOSTÜM	AFFE
ELEFANT	SPEKTAKULÄR
JONGLEUR	ZUSCHAUER
LÖWE	ZELT
MAGIE	TIGER
ZAUBERER	TRICK

13 - Mitologia

```
K K S N L Q J L K H G W E R
S A U D O N N E R B O Y I A
T T T L N D X G E Q T K F C
Ä Y E A T L O E A T T Q E H
R O K R S U Y N T Y H K R E
K U I W B T R D I Z E R S Y
E H E L D L R E O A I E U M
I D T K W H I O N R T A C A
K R I E G E R C P C E T H G
H I M M E L U X H H N U T I
V E R H A L T E N E E R Q S
B L I T Z M O N S T E R O C
L A B Y R I N T H Y P N W H
J N I Z C U U G M P F U B X
```

ARCHETYP	EIFERSUCHT
VERHALTEN	KRIEGER
KREATUR	LABYRINTH
KREATION	LEGENDE
KULTUR	MAGISCH
KATASTROPHE	STERBLICH
GOTTHEITEN	MONSTER
HELD	HIMMEL
STÄRKE	DONNER
BLITZ	RACHE

14 - Piante

```
T  J  T  E  A  G  D  O  G  E  F  E  U  G
W  G  I  F  F  A  J  H  A  D  W  N  W  I
F  C  X  B  L  U  M  E  R  I  O  H  U  F
B  B  O  T  A  N  I  K  T  Q  Q  A  R  L
A  O  L  A  W  Y  G  A  E  W  S  C  Z  O
U  Z  H  Ü  G  X  R  K  N  B  A  P  E  R
M  F  M  N  T  P  A  T  G  U  Y  L  L  A
V  E  W  V  E  E  S  U  M  S  O  R  D  W
B  E  E  R  E  G  N  S  P  C  V  C  Ü  A
A  L  A  U  B  C  U  B  C  H  N  O  N  C
M  O  O  S  H  D  O  N  L  D  U  C  G  H
B  C  H  U  E  B  Z  F  T  A  F  R  E  S
U  M  D  H  B  R  W  R  L  H  T  R  R  E
S  V  E  G  E  T  A  T  I  O  N  T  B  N
```

BAUM	DÜNGER
BEERE	BLUME
BAMBUS	FLORA
BOTANIK	LAUB
KAKTUS	WALD
BUSCH	GARTEN
WACHSEN	MOOS
EFEU	BLÜTENBLATT
GRAS	WURZEL
BOHNE	VEGETATION

15 - Spezie

```
S K H C P V A N I L L E L W
S O W F A N I S Y B E Z V U
Z R V E P K Q A I N G W E R
V I P Y R R A F O O O I X V
S A L Z I E C R Y M E E K B
Z N A I K U O A D Y J B U I
J D K M A Z C N S A U E R T
N E R T E K Z U V Ü M L K T
B R I K Y Ü Z E R K S O U E
X K T L L M N Y J R T S M R
Q V Z T I M N G O D Y O A Z
P F E F F E R F E N C H E L
O K N O B L A U C H P R G B
M U S K A T N U S S J F A L
```

KNOBLAUCH	SÜSS
BITTER	FENCHEL
ANIS	LAKRITZE
ZIMT	MUSKATNUSS
KARDAMOM	PAPRIKA
ZWIEBEL	PFEFFER
KORIANDER	SALZ
KREUZKÜMMEL	VANILLE
KURKUMA	SAFRAN
CURRY	INGWER

16 - Numeri

```
A S D D V I E R Z E H N V A
L I R E F N J I E F E U O C
P E E Z W A N Z I G F L F H
Z B I I N C E E L X Ü L C T
W Z Z M F Z U H U H N M V Z
E E E A K Ü N N U N F A I E
I H H L Q B N Q W E Z S E H
F N N K L K L F Z M Q E R N
X S D R E I Y S Z Y A C H T
R S I X U Z Z S W E R G X N
H E Q E Q Y L L X O H F G Q
M C L R B W B B J P X N N E
A H P U D E S E C H Z E H N
E S L Z G A N Z W Ö L F Y M
```

FÜNF
DEZIMAL
NEUNZEHN
SIEBZEHN
ACHTZEHN
ZEHN
ZWÖLF
ZWEI
NEUN
ACHT

VIERZEHN
VIER
FÜNFZEHN
SECHZEHN
SECHS
SIEBEN
DREI
DREIZEHN
ZWANZIG
NULL

17 - Cioccolato

```
C K Z A N T I O X I D A N S
P C Q U A L I T Ä T Q R K H
J E X O T I S C H N R O A X
O A P E F A N N F H N M R H
Y O T K Ö S T L I C H A A E
K O K O S N U S S D J Z M K
O K A X O E L K B I T T E R
H A N D W E R K L I C H L Z
U L Q U U H E D Y Y I O L U
N O P E G E Q S N F E W X C
M R E Z E P T M S Ü S S O K
C I F A V O R I T E S W M E
G E S C H M A C K F N S E R
M N K A K A O Y P U L V E R
```

BITTER	EXOTISCH
ANTIOXIDANS	GESCHMACK
ERDNÜSSE	ZUTAT
AROMA	ESSEN
HANDWERKLICH	KOKOSNUSS
KAKAO	PULVER
KALORIEN	FAVORIT
KARAMELL	QUALITÄT
KÖSTLICH	REZEPT
SÜSS	ZUCKER

18 - Guida

```
A W A M Z Y X S K J L K V V
B U S B O U W K M F I W E O
B I T J M T M C G G Z C R R
R I W O V J O L D C E Z K S
E Y I F T S U R M S N A E I
N G E F A H R B R O Z N H C
N U N F A L L N B A T C R H
S I C H E R H E I T D O G T
T B E H K A R T E Q G N R B
O T R A N S P O R T A W G E
F U S S G Ä N G E R S G H C
F S T R A S S E G A R A G E
J B R E M S E N T U N N E L
P O L I Z E I V R C M G U C
```

VORSICHT	MOTORRAD
AUTO	MOTOR
BUS	FUSSGÄNGER
BRENNSTOFF	GEFAHR
BREMSEN	POLIZEI
GARAGE	SICHERHEIT
GAS	STRASSE
UNFALL	VERKEHR
LIZENZ	TRANSPORT
KARTE	TUNNEL

19 - Sport

```
P  C  B  N  Y  H  D  V  G  V  R  S  M  M
M  C  A  A  F  D  Z  B  O  S  P  P  A  E
P  K  G  T  S  A  O  O  L  P  T  I  N  I
G  N  G  H  N  K  H  T  F  R  R  E  N  S
T  B  Y  L  S  A  E  R  H  H  V  L  S  T
P  E  M  E  T  V  V  T  R  V  U  E  C  E
D  W  N  T  A  X  C  R  B  A  L  R  H  R
S  E  A  N  D  K  W  A  N  A  D  C  A  S
P  G  S  V  I  W  N  I  K  I  L  L  F  C
I  U  T  V  O  S  X  N  B  X  M  L  T  H
E  N  I  U  N  N  G  E  T  D  A  C  L  A
L  G  K  N  L  I  U  R  E  T  H  G  E  F
B  A  S  E  B  A  L  L  P  Q  C  N  A  T
I  V  G  G  Y  M  N  A  S  I  U  M  V  Z
```

TRAINER	SPIEL
ATHLET	GOLF
BASEBALL	BEWEGUNG
BASKETBALL	GYMNASIUM
FAHRRAD	MANNSCHAFT
MEISTERSCHAFT	STADION
GYMNASTIK	TENNIS
SPIELER	

20 - Giocattoli

```
F  S  S  P  I  E  L  E  K  O  Q  B  K  Y
A  A  C  Z  I  D  B  A  L  L  L  Ü  I  K
V  P  H  H  J  E  O  D  C  R  F  C  F  U
O  K  A  R  L  E  O  D  R  A  C  H  E  N
R  P  C  G  R  A  T  Q  H  U  M  E  Q  S
I  U  H  O  Y  A  G  A  V  T  R  R  X  T
T  P  P  A  P  K  D  Z  M  O  F  V  R  H
H  P  C  D  N  H  B  Q  E  M  L  R  N  A
L  E  U  A  I  T  T  O  N  U  U  I  U  N
K  D  W  Q  N  T  A  F  D  T  G  E  E  D
W  P  U  Z  Z  L  E  S  T  L  Z  U  G  W
R  O  B  O  T  E  R  T  I  M  E  Q  L  E
G  R  A  Q  V  H  N  W  L  E  U  Q  E  R
B  S  Y  Y  F  K  F  V  L  P  G  W  V  K
```

FLUGZEUG	SPIELE
DRACHEN	PHANTASIE
TON	BÜCHER
KUNSTHANDWERK	BALL
AUTO	FAVORIT
PUPPE	PUZZLE
BOOT	ROBOTER
SCHLAGZEUG	SCHACH
FAHRRAD	ZUG
LKW	

21 - Uccelli

```
D L H J S H U K O P K V J M
S T O R C H P E L I K A N Ö
G O H S H U H N O N Q W D W
S U C W W O N T A G A N S E
T C P R A D L E R U S K W C
R A R F N C Y T N I P B F Q
A N U E A U L B K N A E P T
U C H B I U F D U V T I G T
S C X B E H A O C R Z S W S
S F G O V W E Y K Z J L Y F
P A P A G E I R U A R H A Y
F L A M I N G O C V R U Q T
H K U F T Q O P K E Y U F I
I E N C A U L V B J P W P G
```

REIHER	PAPAGEI
ENTE	SPATZ
ADLER	PFAU
STORCH	PELIKAN
SCHWAN	TAUBE
KUCKUCK	PINGUIN
FALKE	HUHN
FLAMINGO	STRAUSS
MÖWE	TOUCAN
GANS	EI

22 - Giorni e Mesi

```
J  M  J  A  N  U  A  R  I  C  K  O  N  O
U  U  C  A  D  I  E  N  S  T  A  G  O  K
N  M  L  M  H  V  A  K  A  W  L  W  V  T
I  O  Z  I  S  R  P  X  M  X  E  O  E  O
R  N  P  T  I  R  R  D  S  Y  N  C  M  B
C  T  J  T  D  Q  I  B  T  S  D  H  B  E
M  A  S  W  M  K  L  L  A  N  E  E  E  R
O  G  O  O  A  N  B  K  G  D  R  F  R  R
N  K  W  C  N  A  U  G  U  S  T  E  Q  W
A  G  L  H  W  N  D  E  Z  E  M  B  E  R
T  H  M  S  E  P  T  E  M  B  E  R  S  Y
F  R  E  I  T  A  G  A  C  Y  K  U  T  D
A  R  N  X  P  N  U  P  G  V  U  A  D  C
G  N  I  F  W  J  T  W  W  C  F  R  P  Y
```

AUGUST	MONTAG
JAHR	DIENSTAG
APRIL	MITTWOCH
KALENDER	MONAT
DEZEMBER	NOVEMBER
SONNTAG	OKTOBER
FEBRUAR	SAMSTAG
JANUAR	SEPTEMBER
JUNI	WOCHE
JULI	FREITAG

23 - Casa

```
S  P  I  E  G  E  L  G  R  O  W  Z  C  R
T  F  L  T  I  S  A  E  C  H  G  A  W  B
E  E  D  G  M  A  M  K  K  N  G  U  A  X
P  N  E  R  V  B  P  K  A  M  I  N  N  J
P  S  C  K  H  P  E  I  Ü  O  N  C  D  R
I  T  K  D  U  S  C  H  E  C  J  W  G  T
C  E  E  B  I  B  L  I  O  T  H  E  K  Ü
H  R  G  A  R  A  G  E  I  Z  H  E  D  R
B  E  S  E  N  M  I  B  W  I  I  B  Y  X
I  J  G  A  R  T  E  N  R  M  T  O  F  S
D  A  C  H  K  Q  U  K  U  M  Z  D  S  R
D  A  C  H  B  O  D  E  N  E  E  E  J  R
X  F  E  X  Y  S  F  X  G  R  G  N  K  M
W  A  S  S  E  R  H  A  H  N  T  D  A  F
```

DACHBODEN	WAND
BIBLIOTHEK	BODEN
ZIMMER	TÜR
KAMIN	ZAUN
KÜCHE	WASSERHAHN
DUSCHE	BESEN
FENSTER	DECKE
GARAGE	SPIEGEL
GARTEN	TEPPICH
LAMPE	DACH

24 - Ristorante #1

```
S  C  K  W  K  E  L  L  N  E  R  I  N  F
T  O  A  D  Ü  M  S  C  H  Ü  S  S  E  L
E  D  S  R  C  E  H  S  R  G  J  V  B  E
L  E  S  H  N  U  M  E  S  S  E  R  I  L
L  S  I  S  E  Ü  H  T  S  N  A  D  U  S
E  S  E  E  U  F  N  X  E  I  G  X  W  C
R  E  R  R  Y  B  M  K  R  O  M  E  Ü  H
C  R  E  V  H  R  E  A  V  B  T  M  R  W
F  T  R  I  X  O  N  F  I  Y  W  U  Z  X
L  I  I  E  Y  T  A  F  E  R  U  T  I  X
W  K  R  T  A  L  L  E  R  G  I  E  G  F
F  D  A  T  T  F  Q  E  U  N  R  J  Y  A
K  L  G  E  V  J  P  H  N  T  N  C  J  W
B  P  O  W  F  I  W  H  G  W  U  G  X  V
```

ALLERGIE	DESSERT
KAFFEE	MENÜ
KELLNERIN	BROT
FLEISCH	TELLER
KASSIERER	WÜRZIG
ESSEN	HUHN
SCHÜSSEL	RESERVIERUNG
MESSER	SOSSE
KÜCHE	SERVIETTE

25 - Fantascienza

```
F A N T A S T I S C H E E P
Y E D R R O B O T E R X X D
Q K U Y E G C F G K A T P H
C A Y E S A W E L T T R L C
B T J A R T L K I N O E O P
B Ü C H E R O I F L M M S O
U T O P I E G P S W I R I R
I L L U S I O N I T C Y O A
P L A N E T J B X E I D N K
T E C H N O L O G I E S N E
I M A G I N Ä R Y R M W C L
G E H E I M N I S V O L L H
F U T U R I S T I S C H O N
G A L A X I E E R V Q W D O
```

ATOMIC
KINO
DYSTOPIE
EXPLOSION
EXTREM
FANTASTISCH
FEUER
FUTURISTISCH
GALAXIE
ILLUSION

IMAGINÄR
BÜCHER
GEHEIMNISVOLL
WELT
ORAKEL
PLANET
REALISTISCH
ROBOTER
TECHNOLOGIE
UTOPIE

26 - Città

```
B S U P E R M A R K T Y S I
B I X S F L U G H A F E N F
Ä H B U C H H A N D L U N G
C K A L G E S C H Ä F T W M
K E N R I M A R K T O D Q U
E I K A P O T H E K E L U S
R T N G B I T G A L E R I E
E H S O C Y T H T S E C P U
I E C A I Y V J E E H L S M
K A H X H D G D B K Y F F E
V T U J P O H J B G S X J O
Z E L R E S T A D I O N Z L
O R E U N I V E R S I T Ä T
O H Y B P S T K L I N I K A
```

FLUGHAFEN
BANK
BIBLIOTHEK
KINO
KLINIK
APOTHEKE
GALERIE
HOTEL
BUCHHANDLUNG
MARKT

MUSEUM
GESCHÄFT
BÄCKEREI
SCHULE
STADION
SUPERMARKT
THEATER
UNIVERSITÄT
ZOO

27 - Virtù #1

```
K E Z G E E C P T E A L E Q
Ü N U R F N H R W R P S U P
N T V O F E A A L E U I Q B
S S E S I U R K O M I S C H
T C R S Z G M T R H H S V B
L H L Z I I A I H P W A E E
E E Ä Ü E E N S P E V U Y S
R I S G N R T C K F V B C C
I D S I T I G H A U M E Q H
S E I G S G U T D E V R K E
C N G U N A B H Ä N G I G I
H D I N T E L L I G E N T D
N Z S L G E D U L D I G E E
R X E H I L F R E I C H R N
```

CHARMANT	UNABHÄNGIG
ZUVERLÄSSIG	INTELLIGENT
KÜNSTLERISCH	BESCHEIDEN
GUT	GEDULDIG
NEUGIERIG	PRAKTISCH
ENTSCHEIDEND	SAUBER
KOMISCH	WEISE
EFFIZIENT	HILFREICH
GROSSZÜGIG	

28 - Compleanno

```
E  K  O  R  K  K  J  V  I  O  C  C  V  F
G  I  W  I  X  S  A  S  O  S  J  B  F  R
E  L  N  I  D  V  H  R  P  L  U  D  R  E
S  I  Ü  L  G  T  R  T  T  Z  N  K  E  U
C  E  O  C  A  D  B  R  I  E  G  W  U  D
H  D  F  E  K  D  V  K  N  I  N  E  N  I
E  E  C  A  R  L  U  J  D  T  A  I  D  G
N  F  O  C  F  H  I  N  P  S  Y  S  E  Q
K  E  R  Z  E  N  N  C  G  P  Z  H  D  B
T  Q  W  D  I  T  K  E  H  E  D  E  O  Z
A  K  A  L  E  N  D  E  R  Z  N  I  P  A
G  E  B  O  R  E  N  K  V  I  E  T  R  N
K  U  C  H  E  N  G  X  D  A  D  E  F  D
S  P  A  S  S  R  U  F  Z  L  C  B  B  I
```

FREUNDE	TAG
JAHR	JUNG
KALENDER	EINLADUNGEN
KERZEN	GEBOREN
LIED	GESCHENK
KARTEN	WEISHEIT
FEIER	SPEZIAL
SPASS	ZEIT
GLÜCKLICH	KUCHEN
FREUDIG	

29 - Fattoria #1

```
L B B L N H Z E K A L B Z D
J V E R X U I A C A Q M B E
Y Q H R U H E R D E T Y F O
U J T U L N G Q L Y V Z K T
D D T J R O E N K U H B E A
S H F K Y E D Ü N G E R N O
O F N C U R S X B P F E L D
S C H W E I N E F F D Z A U
X O E N A K K Y L E I A N K
D H U N D S J B V R C U D Y
M O S I F X S I Y D Y N A S
C N A E K T J E J O M B P Y
B I A Y E P H N R E I S L U
Y G T Y X S H E G H G Q E U
```

WASSER	HERDE
BIENE	SCHWEIN
ESEL	HONIG
FELD	KUH
HUND	HUHN
ZIEGE	ZAUN
PFERD	REIS
DÜNGER	SAAT
HEU	LAND
KATZE	KALB

30 - Paesaggi

```
B  S  J  V  G  W  P  H  I  U  W  W  V  J
D  C  I  E  L  A  T  Ö  N  Z  Z  Ü  U  Q
U  Y  V  E  E  S  O  H  S  E  E  S  L  S
M  E  E  R  T  S  G  L  E  F  N  T  K  U
Y  Z  H  V  S  E  G  E  L  B  L  E  A  M
Z  X  Ü  U  C  R  S  E  O  O  E  U  N  P
B  M  G  U  H  F  Q  E  Y  J  Y  R  S  F
A  X  E  L  E  A  G  X  Q  S  W  U  G  S
B  G  L  Q  R  L  I  Q  B  L  I  M  Z  P
O  Z  E  A  N  L  F  T  U  N  D  R  A  B
S  T  R  A  N  D  O  A  S  E  T  A  L  I
H  A  L  B  I  N  S  E  L  C  F  M  K  D
S  S  F  J  E  L  W  A  I  L  Q  Q  E  Q
E  I  S  B  E  R  G  S  L  U  L  S  R  O
```

WASSERFALL	MEER
HÜGEL	BERG
WÜSTE	OASE
FLUSS	OZEAN
GEYSIR	SUMPF
GLETSCHER	HALBINSEL
HÖHLE	STRAND
EISBERG	TUNDRA
INSEL	TAL
SEE	VULKAN

31 - Ristorante #2

```
K K Q S T U H L G S V C H W
Ö X E A Z H V Ö E B U Y E N
S L I L N Y H F T D S P Q Y
T V S A L M S F R M G A P T
L P I T A N O E Ä I E E L E
I F I S C H E L N T W D A Z
C F R U C H T R K T Ü H F F
H W A S S E R P U A R X W S
G E M Ü S E D V C G Z V M O
G A B E L Z U J H E E H I Y
G C F A B E N D E S S E N E
F H V D O I Z S N S F X C I
V O R S P E I S E E E B P E
L E M Z V K A J B N X W M R
```

WASSER	SALAT
VORSPEISE	SUPPE
GETRÄNK	FISCH
KELLNER	MITTAGESSEN
ABENDESSEN	SALZ
LÖFFEL	STUHL
KÖSTLICH	GEWÜRZE
GABEL	KUCHEN
FRUCHT	EIER
EIS	GEMÜSE

32 - Giardino

```
B G B X H A M N T B R F V Q
O S A C Q H U M E F L B J P
D C U R A S E N I X M U Y Y
E H M T A V M A C C T H M G
N L S U E G F R H H A Ä V E
K A C N F R E C H E N N E T
C U W K I A R G R D P G R R
M C O R H S G A P C O E A A
R H B A N K Q X S T I M N M
Q O W U B U S C H S C A D P
O B S T G A R T E N E T A O
I Z Z A U N R L I W N T H L
G A R T E N L A Q U T E I I
L B S C H A U F E L C S X N
```

BAUM	BANK
HÄNGEMATTE	VERANDA
BUSCH	RASEN
GRAS	RECHEN
UNKRAUT	ZAUN
BLUME	TEICH
OBSTGARTEN	BODEN
GARAGE	TERRASSE
GARTEN	TRAMPOLIN
SCHAUFEL	SCHLAUCH

33 - Frutta

```
X I J O B A N A N E H F F U
A P R I K O S E J A O U X D
P F L A U M E H A N A N A S
R Z B E E R E I H K I W I P
B I R N E X V M Q V Y Q B L
O T O F P V V B L H X Z R P
J R O Q I F K E M A N G O A
B O A A F V I E H L U X M P
K N P N V S R R V I P N B A
R E F M G O S E S I I X E Y
S Y E I P E C Q J I D D E A
M E L O N E H A K I C T R I
T R A U B E E B D Z D H E N
N E K T A R I N E O X E W R
```

APRIKOSE	MANGO
ANANAS	APFEL
ORANGE	MELONE
AVOCADO	BROMBEERE
BEERE	NEKTARINE
BANANE	PAPAYA
KIRSCHE	BIRNE
KIWI	PFIRSICH
HIMBEERE	PFLAUME
ZITRONE	TRAUBE

34 - Fattoria #2

```
O  B  B  Z  Z  X  Z  R  Y  D  E  O  N  B
B  E  Z  A  Y  N  F  I  P  G  N  T  R  I
S  W  H  A  U  M  A  I  S  C  H  A  F  E
T  Ä  X  N  K  E  O  E  M  G  R  E  L  N
G  S  S  K  E  H  R  R  I  S  Z  S  Z  E
A  S  C  H  Ä  F  E  R  L  A  M  M  M  N
R  E  B  T  C  P  N  B  C  A  O  K  F  S
T  R  A  K  T  O  R  A  H  W  M  B  F  T
E  U  W  E  I  Z  E  N  U  N  Z  A  R  O
N  N  R  U  G  Y  W  I  E  S  E  R  U  C
G  G  Ä  N  S  E  Y  K  B  S  W  X  C  K
T  I  E  R  E  X  V  S  H  Q  S  H  H  H
G  E  R  S  T  E  M  F  Y  D  A  E  T  D
S  C  H  E  U  N  E  E  N  T  E  D  N  Y
```

LAMM	BEWÄSSERUNG
BAUER	LAMA
BIENENSTOCK	MILCH
ENTE	MAIS
TIERE	GÄNSE
ESSEN	GERSTE
SCHEUNE	SCHÄFER
FRUCHT	SCHAF
OBSTGARTEN	WIESE
WEIZEN	TRAKTOR

35 - Dinosauri

```
F  M  A  M  M  U  T  C  V  J  L  G  Y  A
L  Y  R  L  P  Y  F  A  E  Y  A  S  O  E
Ü  E  T  P  L  Z  O  U  K  E  D  O  D  I
G  R  Ö  S  S  E  S  Y  X  K  P  I  M  W
E  P  R  Ä  H  I  S  T  O  R  I  S  C  H
L  I  H  S  Y  M  I  F  E  N  O  R  M  H
Z  I  M  Q  F  W  L  G  R  O  S  S  E  P
E  V  O  L  U  T  I  O  N  E  F  Z  I  Y
R  H  P  M  I  W  E  T  R  B  S  A  S  B
D  K  A  C  S  F  N  C  C  E  S  F  Q
E  R  A  U  B  V  O  G  E  L  P  U  E  F
S  C  H  W  A  N  Z  R  C  S  Q  T  T  R
B  Ö  S  A  R  T  I  G  R  B  R  F  I  E
V  E  R  S  C  H  W  I  N  D  E  N  B  L
```

FLÜGEL	PRÄHISTORISCH
SCHWANZ	RAUBVOGEL
ENORM	REPTIL
EVOLUTION	VERSCHWINDEN
FOSSILIEN	ART
GROSS	GRÖSSE
MAMMUT	ERDE
ALLESFRESSER	BÖSARTIG
BEUTE	

36 - Verdure

```
R V G K B Z S K O D A Y I P
Ü S T A R L W B A E R B S E
B P A R O K L I G R C L K V
E I A T K W A S E U O I W H
S N R O K I L A D B R T V M
C A T F O P I L Z G E K T S
H T I F L L G A T M G L E E
A O S E I K R T L E B Z P L
L M C L K N O B L A U C H L
O A H A U B E R G I N E S E
T T O R R R E T T I C H G R
T E C I N G W E R W W S N I
E M K K Ü R B I S T H N Z E
K P E T E R S I L I E S Q G
```

KNOBLAUCH
BROKKOLI
ARTISCHOCKE
KAROTTE
GURKE
ZWIEBEL
PILZ
SALAT
AUBERGINE
KARTOFFEL

ERBSE
TOMATE
PETERSILIE
RÜBE
RETTICH
SCHALOTTE
SELLERIE
SPINAT
INGWER
KÜRBIS

37 - Scuola #2

```
G R A M M A T I K I B J L J
W Ö R T E R B U C H Ü D I O
O X H F O B N U N K C W T S
C O M P U T E R S J H K E C
A P L W O Y L D S S E M R H
B X L E H R E R C E R A A U
W I S S E N S C H A F T T H
K A L E N D E R E T S H U E
D L A D A K N G R L P E R R
M S N O U H J L E W I M Q M
S Q N R U N Z I K S E A S X
T K U K B Q G P R W L T P Y
A K A D E M I S C H E I O P
U E D W P A P I E R X K Y Y
```

AKADEMISCH
BUS
KALENDER
PAPIER
COMPUTER
WÖRTERBUCH
BILDUNG
SCHERE
SPIELE

GRAMMATIK
LEHRER
LITERATUR
LESEN
BÜCHER
MATHEMATIK
SCHUHE
WISSENSCHAFT

38 - Barbecue

```
P  S  O  S  S  E  F  N  F  S  I  D  J  G
F  P  Q  U  R  D  R  I  K  O  A  X  J  R
E  I  N  L  A  D  U  N  G  M  B  L  R  I
F  E  Q  T  A  J  C  L  H  M  E  M  Z  L
F  L  L  L  O  F  H  S  E  E  N  I  L  L
E  E  D  R  Y  M  T  T  I  R  D  T  F  M
R  U  C  R  T  R  A  G  S  N  E  T  A  E
Z  H  U  N  G  E  R  T  S  H  S  A  M  S
Z  W  I  E  B  E  L  N  E  P  S  G  I  S
J  D  J  T  T  S  M  H  S  N  E  E  L  E
Q  T  B  R  C  S  U  E  U  Q  N  S  I  R
S  A  L  A  T  E  S  C  K  H  R  S  E  B
U  D  N  Z  C  N  I  X  X  Q  N  E  P  C
A  U  L  O  K  P  K  D  A  F  D  N  R  B
```

HEISS	GRILL
ABENDESSEN	SALATE
ESSEN	EINLADUNG
ZWIEBELN	MUSIK
MESSER	PFEFFER
SOMMER	HUHN
HUNGER	TOMATEN
FAMILIE	MITTAGESSEN
FRUCHT	SALZ
SPIELE	SOSSE

39 - Riempire

```
D  T  L  D  Z  V  U  B  Q  H  C  Q  W  O
W  A  W  A  P  A  K  E  T  A  S  C  H  E
K  X  Y  K  X  S  I  C  F  O  Y  Y  Y  I
E  J  A  R  I  E  Q  K  A  K  K  M  U  M
S  C  H  I  F  F  W  E  S  A  Z  O  J  E
F  L  A  S  C  H  E  N  S  R  Z  W  R  R
S  C  H  U  B  L  A  D  E  T  Y  H  M  B
N  F  K  P  O  W  I  M  K  O  F  F  E  R
S  G  R  H  X  M  A  R  S  N  Z  U  U  S
B  R  V  I  H  D  A  N  J  B  P  V  M  G
R  O  H  R  C  S  V  P  N  Q  Z  H  B  H
U  M  S  C  H  L  A  G  P  E  X  S  J  C
T  A  B  L  E  T  T  C  S  E  A  R  O  U
K  I  S  T  E  V  V  B  C  S  P  B  L  U
```

BECKEN	SCHIFF
FASS	PAKET
TASCHE	BOX
FLASCHE	EIMER
UMSCHLAG	ROHR
MAPPE	KOFFER
KARTON	WANNE
KISTE	VASE
SCHUBLADE	TABLETT
KORB	

40 - Insetti

```
L A F F L V S D Y W H B Z F
I M G L M A V M R W E S P E
B E Q B O D X U Z K U J T S
E I D L T H I I N A S H G Q
L S R A T B F Y G K C O Y W
L E N T E R M I T E H R Z E
E F K T D F X S I R R N I H
P Q N L N N O G E L E I K S
W X R A O U U G B A C S A X
T O W U R M T K B K K S D M
P W S S M A O D Ä E E E E Ü
Q M A R I E N K Ä F E R C C
L A R V E B I E N E E A L K
E F G A H I M R R W V R J E
```

BLATTLAUS	LARVE
BIENE	LIBELLE
HORNISSE	FLOH
HEUSCHRECKE	KAKERLAKE
ZIKADE	TERMITE
MARIENKÄFER	WURM
KÄFER	WESPE
MOTTE	MÜCKE
AMEISE	

41 - Erboristeria

```
J  F  R  O  S  M  A  R  I  N  M  Q  A  Y
W  E  Q  O  B  L  U  M  E  J  A  U  R  L
P  N  H  W  A  R  K  T  F  Y  J  A  O  A
E  C  A  S  S  U  G  O  A  E  O  L  M  V
T  H  Y  M  I  A  N  A  O  Z  R  I  A  E
E  E  D  I  L  L  S  O  R  I  A  T  T  N
R  L  I  Q  I  M  A  O  E  T  N  Ä  I  D
S  I  X  K  K  I  F  L  G  Z  E  T  S  E
I  U  U  P  U  N  R  H  A  U  J  N  C  L
L  A  N  R  M  Z  A  Y  N  T  L  D  H  G
I  R  W  D  X  E  N  R  O  A  O  E  J  R
E  E  S  T  R  A  G  O  N  T  L  S  M  Ü
K  U  L  I  N  A  R  I  S  C  H  X  Z  N
X  T  H  K  N  O  B  L  A  U  C  H  J  W
```

KNOBLAUCH	LAVENDEL
DILL	MAJORAN
AROMATISCH	MINZE
BASILIKUM	OREGANO
KULINARISCH	PETERSILIE
ESTRAGON	QUALITÄT
FENCHEL	ROSMARIN
BLUME	THYMIAN
GARTEN	GRÜN
ZUTAT	SAFRAN

42 - Danza

```
K L A S S I S C H T P H B Q
W E O P M G U F I R A R A A
K M F R E U D I G A R H N K
Ö O L I U H S H U D T Y M A
R T K N J M Q I V I N T U D
P I U G M K F U K T E H T E
E O L E P R O B E I R M V M
R N T N K U N S T O F U I I
W Z U X G U G D Y N E S S E
E X R I E R L W V E I S U Q
X Y E V U E N T V L K R E J
H A L T U N G F U L W T L V
T Y L M G U A C V R V T L V
W O V B E W E G U N G N O B
```

AKADEMIE
KUNST
KLASSISCH
PARTNER
KÖRPER
KULTUR
KULTURELL
EMOTION
FREUDIG

ANMUT
BEWEGUNG
MUSIK
HALTUNG
PROBE
RHYTHMUS
SPRINGEN
TRADITIONELL
VISUELL

43 - Scuola #1

```
B  I  B  L  I  O  T  H  E  K  T  O  T  S
F  R  E  U  N  D  E  Z  O  C  K  F  I  T
Q  U  D  U  B  I  S  P  A  S  S  N  Y  U
D  G  F  Q  T  W  C  P  B  H  G  U  O  H
U  Q  O  M  J  I  H  O  B  Ü  L  L  R  L
X  Q  B  A  V  E  R  B  O  P  C  E  D  S
A  L  P  H  A  B  E  T  F  A  T  H  N  C
S  T  I  F  T  E  I  F  E  P  D  R  E  H
H  B  Q  M  N  G  B  Q  U  I  Z  E  R  R
A  N  T  W  O  R  T  E  N  E  X  R  P  E
B  L  E  I  S  T  I  F  T  R  N  N  M  I
W  Y  S  T  G  F  S  V  E  V  J  X  I  B
O  X  L  Y  K  E  C  C  S  E  X  F  X  E
V  O  Q  M  A  T  H  E  M  A  T  I  K  N
```

ALPHABET	BLEISTIFT
FREUNDE	ZAHLEN
BIBLIOTHEK	STIFTE
PAPIER	QUIZ
ORDNER	ANTWORTEN
SPASS	SCHREIBTISCH
LEHRER	SCHREIBEN
BÜCHER	STUHL
MATHEMATIK	

44 - Fiori

```
P A S S I O N S B L U M E V
Z Q G A R D E N I E M O H N
L I Ä E D B L F Y E A L I B
N S N J A S M I N T K Ö B L
R O S E C K L F W N L W I Ü
S N E O R C H I D E E E S T
T N B M A G N O L I E N K E
R E L L I L A G A I W Z U N
A N Ü U M L T A V O E A S B
U B M T C D G O E T C H A L
S L C T C W E K N Z U N P A
S U H D T L K E D L E L J T
O M E J P L U M E R I A P T
S E N D Y Z J W L A A E V E
```

LÖWENZAHN	STRAUSS
GARDENIE	ORCHIDEE
JASMIN	MOHN
LILIE	PASSIONSBLUME
SONNENBLUME	BLÜTENBLATT
HIBISKUS	PLUMERIA
LAVENDEL	ROSE
LILA	KLEE
MAGNOLIE	TULPE
GÄNSEBLÜMCHEN	

45 - Ecologia

```
L G E M E I N S C H A F T S
M E V I E L F A L T O T O B
A S B I X J K L I M A W S I
R U N E R E S S O U R C E N
I M W A N N S D Ü R R E V A
N P F Q T S G L O B A L E T
E F O P W U R L P C R V G Ü
S M I C G L R A B E R G E R
P F L A N Z E N U L H Z T L
Y E Y S R A V W U M I V A I
N A C H H A L T I G H M T C
K Q X G T B N A R T U M I H
Z A Y F L Q D F A U N A O R
C T R N Ü B E R L E B E N G
```

KLIMA	NATÜRLICH
GEMEINSCHAFT	SUMPF
VIELFALT	PFLANZEN
FAUNA	RESSOURCEN
FLORA	DÜRRE
GLOBAL	ÜBERLEBEN
LEBENSRAUM	NACHHALTIG
MARINE	ART
BERGE	VEGETATION
NATUR	

46 - Discipline Scientifiche

```
M E C H A N I K I P L S M N
A S T R O N O M I E I O E E
B B I O C H E M I E N Z T U
P I A R C H Ä O L O G I E R
D Z O B O T A N I K U O O O
G C Z L Q Z E T I W I L R L
A N A T O M I E U F S O O O
H X L U R G G V I G T G L G
C F Z I M F I T S H I I O I
H B K Q S W L E K F K E G E
E O R P N I G E O L O G I E
M P H Y S I O L O G I E E Q
I Ö K O L O G I E B N A R A
E P X P S Y C H O L O G I E
```

ANATOMIE
ARCHÄOLOGIE
ASTRONOMIE
BIOCHEMIE
BIOLOGIE
BOTANIK
CHEMIE
ÖKOLOGIE

PHYSIOLOGIE
GEOLOGIE
LINGUISTIK
MECHANIK
METEOROLOGIE
NEUROLOGIE
PSYCHOLOGIE
SOZIOLOGIE

47 - Scienza

```
P N A E L E V O L U T I O N
H A S C H W E R K R A F T D
Y T R Q E G Q C M T T O L P
S U C T D U U O I D S S L M
I R V N I T D R N A A S U E
K M O L E K Ü L E T C I Z T
Y O H C M D E W R E H L I H
Y E I U E V R L A N E P J O
C H E M I S C H L A T O M D
L U W E X P E R I M E N T E
A S H Y P O T H E S E B D V
B R N I U T K C N N Y Y N A
O O R G A N I S M U S X H W
R P F L A N Z E N K L I M A
```

ATOM
CHEMISCH
KLIMA
DATEN
EXPERIMENT
EVOLUTION
TATSACHE
PHYSIK
FOSSIL
SCHWERKRAFT

HYPOTHESE
LABOR
METHODE
MINERALIEN
MOLEKÜLE
NATUR
ORGANISMUS
PARTIKEL
PFLANZEN

48 - Acqua

```
A  M  J  L  G  F  Q  I  K  B  K  Z  M  R
R  L  W  C  E  L  F  K  Y  O  I  L  O  E
A  W  D  D  Q  U  S  C  H  N  E  E  N  G
F  E  U  C  H  T  I  G  K  E  I  T  S  E
H  L  S  E  E  U  T  K  U  S  P  I  U  N
F  L  C  O  I  G  R  F  K  T  F  W  N  Q
E  E  H  Z  B  J  E  R  L  P  G  G  L  D
U  N  E  E  S  E  U  Y  I  Q  J  M  Q  F
C  V  D  A  M  P  F  E  S  K  A  N  A  L
H  E  M  N  T  U  H  I  F  I  A  T  R  U
T  V  B  M  F  R  O  S  T  N  R  N  H  S
V  E  R  D  U  N  S  T  U  N  G  H  T  S
B  E  W  Ä  S  S  E  R  U  N  G  L  T  T
I  H  U  P  H  T  R  I  N  K  B  A  R  G
```

FLUT	MONSUN
KANAL	SCHNEE
DUSCHE	OZEAN
VERDUNSTUNG	WELLEN
FLUSS	REGEN
FROST	TRINKBAR
GEYSIR	FEUCHTIGKEIT
EIS	FEUCHT
BEWÄSSERUNG	HURRIKAN
SEE	DAMPF

49 - Gatti

```
S  S  H  T  C  V  E  R  S  P  I  E  L  T
U  C  B  G  M  U  L  P  Q  M  B  U  I  X
N  H  H  B  L  Z  R  H  B  A  E  H  E  E
A  L  F  N  Y  Z  E  Z  X  U  J  E  B  H
B  A  D  E  E  K  O  M  I  S  C  H  E  E
H  F  C  W  L  L  S  W  I  L  D  G  V  J
Ä  E  Z  Y  S  L  L  V  O  X  V  S  O  U
N  N  E  U  G  I  E  R  I  G  E  C  L  W
G  K  P  J  Ä  G  E  R  E  T  R  H  L  E
I  V  S  L  K  R  A  L  L  E  R  W  D  N
G  P  F  O  T  E  U  R  C  B  Ü  A  C  I
I  B  G  Y  G  B  T  U  N  M  C  N  G  G
G  I  I  C  U  K  D  I  M  V  K  Z  L  G
S  C  H  Ü  C  H  T  E  R  N  T  N  I  Q
```

LIEBEVOLL	UNABHÄNGIG
KRALLE	VERRÜCKT
JÄGER	FELL
SCHWANZ	WENIG
NEUGIERIG	WILD
KOMISCH	SCHÜCHTERN
SCHLAFEN	MAUS
GARN	SCHNELL
VERSPIELT	PFOTE

50 - Surf

```
W  N  K  E  U  S  S  D  J  V  G  M  A  C
K  E  A  A  J  C  T  T  S  Q  B  A  T  M
N  M  L  N  B  H  Q  I  Ä  O  V  G  H  Q
R  Q  D  L  Z  A  J  Y  L  R  M  E  L  I
S  O  Y  M  E  U  A  Y  Q  C  K  N  E  S
S  C  H  W  I  M  M  E  N  P  S  E  T  P
T  H  Y  Q  M  E  X  T  R  E  M  Q  E  A
R  A  N  F  Ä  N  G  E  R  I  F  F  F  S
A  M  I  X  G  G  S  P  R  A  Y  F  G  S
N  P  A  D  D  E  L  N  N  O  M  S  M  F
D  I  R  Q  Z  N  I  B  E  L  I  E  B  T
W  O  Z  E  A  N  X  C  T  A  O  M  G  P
T  N  O  G  L  C  D  R  O  J  M  X  U  G
B  N  C  Z  A  Z  W  E  T  T  E  R  H  T
```

ATHLET	PADDEL
CHAMPION	BELIEBT
SPASS	ANFÄNGER
EXTREM	SCHAUM
MENGEN	RIFF
STÄRKE	STRAND
WETTER	SPRAY
SCHWIMMEN	STIL
OZEAN	MAGEN
WELLE	

51 - Imbarcazioni

```
N  Z  K  J  M  S  E  G  E  L  B  O  O  T
T  G  V  O  Z  E  A  N  D  H  C  J  A  H
D  A  K  E  P  E  S  E  E  M  A  N  N  J
M  C  E  U  S  W  E  L  L  E  N  D  H  V
O  A  E  N  L  I  R  Q  M  E  K  Z  B  X
T  N  S  T  I  D  E  V  F  R  E  B  X  N
O  G  E  T  D  M  H  T  Ä  G  R  O  P  A
R  Q  I  S  R  B  X  C  H  T  P  J  P  U
F  F  L  O  S  S  J  E  R  T  L  E  Y  T
X  Y  F  K  A  N  U  I  E  E  O  W  A  I
J  W  P  X  A  F  L  U  S  S  W  T  C  S
D  M  Z  R  R  J  V  Y  O  G  Z  C  H  C
B  F  B  M  Z  D  A  Q  L  Q  R  C  T  H
S  A  Z  F  I  I  G  K  O  L  D  W  G  K
```

MAST	MEER
ANKER	TIDE
SEGELBOOT	SEEMANN
BOJE	MOTOR
KANU	NAUTISCH
SEIL	OZEAN
CREW	WELLEN
FLUSS	FÄHRE
KAJAK	YACHT
SEE	FLOSS

52 - Api

```
S O N N E Z O G Z O M G U V
C F V I E L F A L T K F H N
H A D S T L E R F W S R I P
W N I N S E K T L R A U C H
A S D E O B Q E H S Z C R E
R X X Y K E C N Y C L H H E
M P F L A N Z E N G E T O S
B O M S U S N G A H S S N V
S L Z N T R Y B W B S J I F
S L U R M A H C L X E T G B
D E K M C U Y Z L Ü N J Y N
A N I T E M V Y A Q T C J A
L J Q K Ö N I G I N P E Z T
G Y F L Ü G E L Y T U E H M
```

FLÜGEL
WACHS
ESSEN
VIELFALT
BLUMEN
BLÜTE
FRUCHT
GARTEN

LEBENSRAUM
INSEKT
HONIG
PFLANZEN
POLLEN
KÖNIGIN
SCHWARM
SONNE

53 - Conservazione

```
R E D U Z I E R E N S X Q V
P E S T I Z I D O W V V W E
Z T Y J K D W Q J G R Ü N R
Y X I K R E C Y C E L N O S
K L S G R A M W W S U U R C
L L E F Q G L A X U M E G H
U X I B O F O S N N W O A M
S D M M E L Q S T D E F N U
K Z R T A N Q E K H L Z I T
C X T I V F S R W E T W S Z
V N V N A T Ü R L I C H C U
Z O A G I V X E A T O G H N
E J T G G B I L D U N G I G
C G Ö K O S Y S T E M I W A
```

WASSER
UMWELT
ZYKLUS
KLIMA
ÖKOSYSTEM
BILDUNG
LEBENSRAUM
VERSCHMUTZUNG

NATÜRLICH
ORGANISCH
PESTIZID
RECYCELN
REDUZIEREN
GESUNDHEIT
GRÜN

54 - Strumenti Musicali

```
M U N D H A R M O N I K A K
B G G I T A R R E F W L M L
M A N D O L I N E L J A C A
A Q Q F G E I G E Ö J V R R
R B H P A R C O P T U I B I
I S F K O X V N R E V E A N
M A A X T S F G B Q V R N E
B I G X R P A H A R F E J T
A U O B O E E U P M L X O T
Y S T N M P F T N K R X B E
X Q T X P H H M H E B K F P
C D N Q E T R O M M E L E Q
B W L X T N Z W N C E L L O
X N N Y E T A M B U R I N D
```

MUNDHARMONIKA   OBOE
HARFE   KLAVIER
BANJO   SAXOPHON
GITARRE   TAMBURIN
KLARINETTE   TROMMEL
FAGOTT   TROMPETE
FLÖTE   POSAUNE
GONG   GEIGE
MANDOLINE   CELLO
MARIMBA

55 - Professioni #2

```
R  N  Y  F  Y  P  Z  F  W  P  S  W  O  C
Y  B  S  J  Y  I  H  A  W  I  I  J  C  H
B  P  I  L  O  T  U  I  H  Y  Y  A  G  I
I  G  Ä  R  T  N  E  R  L  N  X  S  K  R
B  L  I  N  G  U  I  S  T  O  A  T  J  U
L  E  R  M  I  T  T  L  E  R  S  R  V  R
I  L  L  U  S  T  R  A  T  O  R  O  Z  G
O  J  O  U  R  N  A  L  I  S  T  N  P  T
T  Y  F  G  K  A  M  A  L  E  R  A  R  H
H  F  O  R  S  C  H  E  R  E  Y  U  C  G
E  H  S  A  R  Z  T  R  T  I  H  T  G  G
K  B  E  K  B  I  O  L  O  G  E  R  S  D
A  I  N  G  E  N  I  E  U  R  B  X  E  M
R  F  O  T  O  G  R  A  F  O  M  W  A  R
```

ASTRONAUT	ILLUSTRATOR
BIBLIOTHEKAR	INGENIEUR
BIOLOGE	LEHRER
CHIRURG	ERMITTLER
ZAHNARZT	LINGUIST
PHILOSOPH	ARZT
FOTOGRAF	PILOT
GÄRTNER	MALER
JOURNALIST	FORSCHER

56 - Letteratura

```
T  M  Z  T  P  A  R  G  J  A  S  W  Z  G
I  H  G  P  P  N  O  E  I  F  T  C  A  V
D  P  E  O  H  A  M  N  I  M  I  M  J  E
R  W  B  M  B  L  A  R  R  M  L  M  K  R
D  X  L  P  A  O  N  E  B  Q  R  E  R  G
Y  S  E  B  G  G  E  D  I  C  H  T  I  L
A  U  Y  C  J  I  J  V  O  W  Y  A  T  E
T  W  Q  Q  N  E  H  U  G  T  T  P  I  I
A  N  E  K  D  O  T  E  R  Q  H  H  K  C
V  A  N  A  L  Y  S  E  A  P  M  E  J  H
K  C  U  Q  Y  H  C  J  P  Q  U  R  N  V
P  O  E  T  I  S  C  H  H  C  S  B  C  G
D  I  A  L  O  G  M  X  I  W  A  E  Q  N
Q  H  A  R  D  R  U  M  E  I  N  U  N  G
```

ANALYSE	METAPHER
ANALOGIE	MEINUNG
ANEKDOTE	GEDICHT
AUTOR	POETISCH
BIOGRAPHIE	REIM
VERGLEICH	RHYTHMUS
KRITIK	ROMAN
DIALOG	STIL
GENRE	THEMA

57 - Cibo #2

```
E S N A U B E R G I N E F X
F I S C H R R T Y Q P O S R
B L O G L O E O I I M I E C
H C K G H K I M S Q R W L W
K K I G O K S A A P F E L Z
Ä X R U P O Q T P F U I E U
S O S S M L Q E H V Q W R J
E H C G F I C J Q P W E I Y
A G H Z V B V Y I B Q I E F
Q M E Z M M A O I R H Z U V
K I W I L T D N Y O U E J R
T R A U B E X K A T H N H R
J O G H U R T N T N N S A C
G F M D S C H I N K E N E N
```

BANANE
BROKKOLI
KIRSCHE
KÄSE
PILZ
WEIZEN
KIWI
APFEL
AUBERGINE
BROT

FISCH
HUHN
TOMATE
SCHINKEN
REIS
SELLERIE
EI
TRAUBE
JOGHURT

58 - Nutrizione

```
F D V E R D A U U N G S X P
L F I W B K G E W I C H T R
Ü E F Ä O S V O I H B I T O
S R S C T F O C E E I E J T
S M O S L N S N O L T W C E
I E S J B Q U A L I T Ä T I
G N S Y K A L O R I E N G N
K T E D B G R T A H R V E E
E A U S G E W O G E N I S Y
I T D Q K W T W G J R T U X
T I N U T Ü A O P Y R A N B
E O M B N R Z I X D N M D Q
N N F Y H Z V Q G I Q I V V
L R A P P E T I T R N N Z H
```

BITTER
APPETIT
AUSGEWOGEN
KALORIEN
ESSBAR
DIÄT
VERDAUUNG
FERMENTATION
FLÜSSIGKEITEN

GEWICHT
PROTEINE
QUALITÄT
SOSSE
GESUND
GEWÜRZE
TOXIN
VITAMIN

59 - Matematica

```
N  B  I  P  D  R  E  I  E  C  K  G  M  O
V  Y  R  E  C  H  T  E  C  K  U  L  N  R
P  A  R  A  L  L  E  L  N  X  D  E  O  A
S  E  N  K  R  E  C  H  T  X  U  I  I  D
C  W  T  T  G  W  X  V  G  W  R  C  U  I
P  O  L  Y  G  O  N  P  E  W  C  H  B  U
O  R  C  D  Y  I  F  Y  O  I  H  U  R  S
S  D  E  Z  I  M  A  L  M  N  M  N  U  S
N  Z  I  T  M  V  T  N  E  K  E  G  C  U
E  K  D  J  O  B  I  C  T  E  S  N  H  M
U  M  F  A  N  G  L  S  R  L  S  X  T  M
Q  U  A  D  R  A  T  H  I  C  E  H  E  E
S  Y  M  M  E  T  R  I  E  O  R  I  I  P
A  R  I  T  H  M  E  T  I  K  N  D  L  A
```

WINKEL	UMFANG
ARITHMETIK	SENKRECHT
DEZIMAL	POLYGON
DURCHMESSER	QUADRAT
DIVISION	RADIUS
GLEICHUNG	RECHTECK
EXPONENT	SYMMETRIE
BRUCHTEIL	SUMME
GEOMETRIE	DREIECK
PARALLEL	

60 - Vacanza #1

```
F  Q  K  Q  U  H  U  X  U  R  A  E  S  E
N  C  O  B  P  H  Q  E  R  Q  U  N  T  X
V  N  F  A  B  R  E  I  S  E  T  T  R  P
B  B  F  X  I  B  O  J  W  U  O  S  A  E
G  R  E  U  T  M  U  U  D  N  S  P  S  D
E  K  R  M  L  P  C  W  T  J  C  A  S  I
T  O  U  R  I  S  T  E  L  E  H  N  E  T
N  P  F  M  A  H  T  W  C  Q  W  N  N  I
G  K  K  F  U  B  F  Ä  F  P  I  U  B  O
R  E  G  E  N  S  C  H  I  R  M  N  A  N
Z  M  Q  W  I  O  E  R  H  Q  M  G  H  S
A  O  Z  D  S  E  E  U  U  A  E  U  N  A
T  H  L  C  R  E  W  N  M  N  N  J  R  X
P  M  S  L  F  L  U  G  Z  E  U  G  M  L
```

FLUGZEUG   ABREISE
AUTO   ENTSPANNUNG
ZOLL   EXPEDITION
ROUTE   STRASSENBAHN
SEE   TOURIST
MUSEUM   KOFFER
SCHWIMMEN   WÄHRUNG
REGENSCHIRM

61 - Meditazione

```
G M I T G E F Ü H L D W E F
V E R S T A N D F S D A I I
O T I G L Ü C K M T P C N N
D N P S L M Y D M I E H B J
G W F A T M U N G L R F L R
K K T B P I K R U L S P I D
M D L G L U G G C E P A C R
R F M A G E D A N K E N K U
U D A Q R B H X H W K N N H
M U S I K H F R K R T A A I
B F M F R I E D E N I H T G
H A L T U N G I F Z V M U B
B E W E G U N G T S E E R N
D A N K B A R K E I T M A B
```

ANNAHME	BEWEGUNG
RUHIG	MUSIK
KLARHEIT	NATUR
MITGEFÜHL	FRIEDEN
GLÜCK	GEDANKEN
DANKBARKEIT	HALTUNG
LEHRE	PERSPEKTIVE
EINBLICK	ATMUNG
GEISTIG	STILLE
VERSTAND	WACH

62 - Estate

```
Y E T T P G K E Q S C F U E
Y S P I E L E B Ü C H E R R
Z S C A M P I N G H P A L I
X E N C F Z M L M W T P A N
T N U M Q M K G J I A Z U N
K L U U J T V X F M U S B E
G U J S H M E E R M C T F R
F A M I L I E O E E H R R U
X O R K C J H V I N E A E N
T C S T E R N E Z R N N U G
X O L V E L D B E E Q D N E
H G J Z S N Z E I I X F D N
F R E U D E D C T S J I E P
S A N D A L E N P E L L K N
```

FREUNDE
CAMPING
ESSEN
FAMILIE
GARTEN
SPIELE
FREUDE
TAUCHEN
BÜCHER
MEER

MUSIK
SCHWIMMEN
ERINNERUNGEN
SANDALEN
STRAND
STERNE
FREIZEIT
URLAUB
REISE

63 - Escursionismo

```
K  L  I  P  P  E  C  W  D  X  W  B  N  S
M  B  V  E  S  G  K  A  R  T  E  S  A  C
G  G  I  P  F  E  L  S  M  K  E  T  T  H
B  E  R  G  Ü  F  M  S  Ü  P  L  E  U  W
S  F  I  G  H  A  J  E  D  A  I  I  R  E
T  S  X  W  R  H  T  R  E  R  N  N  M  R
I  N  T  I  E  R  E  M  H  K  U  E  G  A
E  T  Y  L  R  E  Q  O  L  S  I  C  U  N
F  L  H  D  R  N  L  B  J  O  J  Z  O  A
E  D  U  T  N  R  A  S  Q  N  O  M  V  O
L  E  M  V  H  N  B  S  F  N  O  V  J  Y
N  E  X  M  J  K  P  X  J  E  C  Q  Q  Q
V  O  R  B  E  R  E  I  T  U  N  G  S  R
O  R  I  E  N  T  I  E  R  U  N  G  O  Y
```

WASSER	GEFAHREN
TIERE	SCHWER
CAMPING	STEINE
KLIMA	VORBEREITUNG
FÜHRER	KLIPPE
KARTE	WILD
BERG	SONNE
NATUR	MÜDE
ORIENTIERUNG	STIEFEL
PARKS	GIPFEL

64 - Professioni #1

```
M U S I K E R B E U N A Q L
W Z O T A L G A A W F R X I
D G W P S E E A P N T Z R T
R E D I T O R M O P K T Q A
G Z Z A R C S K P G W I T A
D V Z N O S V D T N I K E M
T R A I N E R J Ä G E R S R
L L S S O B H Y N D G R E G
T M O T M A R E Z O E D E Q
K Ü N S T L E R E S O L M M
A P O T H E K E R J L B A Y
P S Y C H O L O G E O M N D
K A R T O G R A P H G D N J
X E N G J U W E L I E R N R
```

TRAINER
KÜNSTLER
ASTRONOM
TÄNZER
BANKIER
JÄGER
KARTOGRAPH
EDITOR
APOTHEKER

GEOLOGE
JUWELIER
KLEMPNER
SEEMANN
ARZT
MUSIKER
PIANIST
PSYCHOLOGE

65 - Antartide

```
M E K W M Y F K U E F M I G
I X F O R S C H E R F I B L
G P G M N E B U C H T N W E
R L E Q D T I K E A U E A T
A O O Y X E I S X L M R S S
T R G N Y M S N P T W A S C
I A R I K P I V E U E L E H
O T A N K E G F D N L I R E
N I P S C R Y X I G T E W R
Y O H E W A L E T O U N T I
S N I L T T K N I H U R G A
S M E N Q U X C O W V N J F
G U L V U R Q F N S Q Z X P
W O L K E N F E L S I G H F
```

WASSER   EIS
UMWELT   INSELN
BUCHT   MIGRATION
WALE   MINERALIEN
ERHALTUNG   WOLKEN
KONTINENT   FORSCHER
EXPLORATION   FELSIG
GEOGRAPHIE   EXPEDITION
GLETSCHER   TEMPERATUR

66 - Libri

```
E  R  F  I  N  D  E  R  I  S  C  H  A  K
I  X  T  W  J  J  F  P  R  Q  Y  G  B  L
G  K  H  I  S  T  O  R  I  S  C  H  E  K
E  R  Z  Ä  H  L  E  R  S  S  E  K  N  Y
S  L  I  T  E  R  A  R  I  S  C  H  T  Q
C  K  O  L  L  E  K  T  I  O  N  H  E  A
H  R  B  J  D  A  U  T  O  R  D  C  U  B
I  L  E  S  E  R  Q  R  C  E  U  W  E  M
C  J  L  P  T  O  R  A  W  L  A  P  R  S
H  O  D  D  T  F  O  G  V  E  L  O  B  E
T  S  E  R  I  E  M  I  B  V  I  E  C  I
E  X  B  Q  E  J  A  S  L  A  T  S  J  T
N  Y  L  N  K  G  N  C  O  N  Ä  I  K  E
K  O  N  T  E  X  T  H  J  T  T  E  S  D
```

AUTOR	ERZÄHLER
ABENTEUER	SEITE
KOLLEKTION	POESIE
KONTEXT	RELEVANT
DUALITÄT	ROMAN
EPISCH	SERIE
ERFINDERISCH	GESCHICHTE
LITERARISCH	HISTORISCH
LESER	TRAGISCH

67 - Geografia

```
Z B V N E G L C L G H K H G
T V G D O P B B W C E O Ö E
O P P K A R T E U J M N H B
R Y R W K P D R A P I T E I
H B R E I T E E H M S I S E
G G D L C E Q W N W P N T T
R L H T X Q I G Y S H E A W
M E R I D I A N Z F Ä N D E
E F G J G G T F S B R T T S
E L J I Q H L O Ü E E F O T
R U Y T O L A N D R L G B O
D S R X E N S T E G O B O O
L S A I U Q T T N S K V E P
L Ä N G E N G R A D P G O G
```

HÖHE	MEER
ATLAS	MERIDIAN
STADT	WELT
KONTINENT	BERG
HEMISPHÄRE	NORDEN
FLUSS	WEST
INSEL	LAND
BREITE	REGION
LÄNGENGRAD	SÜDEN
KARTE	GEBIET

68 - Cibo #1

```
G R L M T B Z R Z U C K E R
M E U F Z I I Q Ü S K N V V
I E R K P R T I D B X O X F
N X D S L N R Z W I E B E L
Z I J V T E O I G A E L R E
E M J P T E N M N R T A D I
K U C H E N E T Z Z N U B S
S A L Z Z G Y J M C I C E C
I M W T H U N F I S C H E H
L S A W E K G Y L Y A E R Z
S P I N A T X C C J Q L E D
K A R O T T E J H W T J A Q
B A S I L I K U M S A F T T
Q F D G O L Y F N A H Y U R
```

KNOBLAUCH	MINZE
BASILIKUM	GERSTE
ZIMT	BIRNE
FLEISCH	RÜBE
KAROTTE	SALZ
ZWIEBEL	SPINAT
ERDBEERE	SAFT
SALAT	THUNFISCH
MILCH	KUCHEN
ZITRONE	ZUCKER

69 - Aeroplani

```
B A L N T U R B U L E N Z G
A R B J A T M O S P H Ä R E
L V E E W V Q W A P D P H S
L H C N N M I M G H M P I C
O O M M N T T G N Ö O C M H
N F D W A S E J I H T R M I
D E S I G N T U U E O E E C
L A N D U N G O E S R W L H
R I C H T U N G F R R E U T
P A S S A G I E R F Y N N E
A B S T I E G P I L O T L B
K O N S T R U K T I O N U V
R E T J P A Z X E C R U F V
W A S S E R S T O F F Y T R
```

HÖHE
LUFT
ATMOSPHÄRE
LANDUNG
ABENTEUER
BRENNSTOFF
HIMMEL
KONSTRUKTION
DESIGN
RICHTUNG

ABSTIEG
CREW
WASSERSTOFF
MOTOR
NAVIGIEREN
BALLON
PASSAGIER
PILOT
GESCHICHTE
TURBULENZ

70 - Pirati

```
A P P W S A L K O Y V G K Y
B A S S T N X O F C U A Z
E P C O R J U K T M Z Z R J
N A H I U M T T E P K T O
T G A R M T U J M R N A E V
E E T P R M V R T F A P S S
U I Z P I Ü S C I L R I C S
E S T R A N D R U A B T H J
R G S P H Z S E H G E Ä W O
I N S E L E M W Ö G X N E G
B L E G E N D E H E Z P R F
T M Z I O S C H L E C H T L
R T U A P L X G E F A H R N
N R E T M C D A S M D R C J
```

ANKER

ABENTEUER

FLAGGE

KOMPASS

KAPITÄN

SCHLECHT

NARBE

CREW

HÖHLE

INSEL

LEGENDE

KARTE

MÜNZEN

GOLD

PAPAGEI

GEFAHR

RUM

SCHWERT

STRAND

SCHATZ

71 - Colori

```
Y Y L O M X E T S F W L C X
A R B F O A G R A U P W L U
E O H D X G G E L B O Y I F
V N O A I Q O E G R Ü N L O
B R A U N A R S N O V E A G
K E V A D Z A Z E T Z Y A N
O R C A I U N O F P A M T F
R O S A G R G R W E I S S U
G O C O O B E I G E E A F C
J Q H T L L L D Q L C H X H
A Q W S E A I A C P E E I S
I C A D P U R P U R G A T I
U T R J I R R T N U G Q F E
R A Z J N B N Q L C B Q P T
```

ORANGE   INDIGO
AZURBLAU   MAGENTA
BEIGE   BRAUN
WEISS   SCHWARZ
BLAU   ROSA
ZYAN   ROT
PURPUR   SEPIA
FUCHSIE   GRÜN
GELB   LILA
GRAU

72 - Spiaggia

```
U N I U Y P S E Y F S I K G
T M N R A H C I H N E G Z S
O H H L H J H L D E G V H A
L H J A X F W Q O B E F K N
A A M U W E I Q O M L X W D
D N G B Z O M N X M B X T A
H D E U M R M F M Z O O Q L
G T S O N N E L V Z O Z S E
N U I R F E N K Ü S T E A N
M C U N M E E R R P T A N B
H H K H S I Z A X I J N D L
Q K S G X E S B Y F F F O A
B O O T N S L B L V A F C U
N R U Y T O Z E M L P D K S
```

HANDTUCH	MEER
BOOT	SCHWIMMEN
SEGELBOOT	OZEAN
BLAU	SAND
KÜSTE	SANDALEN
DOCK	RIFF
KRABBE	SONNE
INSEL	URLAUB
LAGUNE	

73 - Avventura

```
M O U A A G G B V L C N N R
Z U N W K E E L O P H A A O
B I G A T F L D R U A T V U
E S E M I Ä E E B S N U I T
G I W L V H G F E S C R G E
E C Ö N I R E R C E V A R
I H H F T L N E E H K Z T E
S E N K Ä I H U I Ö Q V I I
T R L G T C E N T N E U O S
E H I I P H I D U H M D N E
R E C G A Y T E N E Q Q W N
U I H B J S K T G I V U D J
N T F R E U D E H T U V K V
G A U S F L U G G P Y P R D
```

FREUNDE	ROUTE
AKTIVITÄT	NATUR
SCHÖNHEIT	NAVIGATION
CHANCE	NEU
ZIEL	GELEGENHEIT
BEGEISTERUNG	GEFÄHRLICH
AUSFLUG	VORBEREITUNG
FREUDE	SICHERHEIT
UNGEWÖHNLICH	REISEN

74 - Forme

```
W H K O Z P K U R V E P W M
C Y Y Q U A D R A T V R S K
S P W V W B O G E N W I X V
D E Q W Ü R Q S K I S S I C
Z R I I R S Q T A U S M O W
V B W T F F Q E N Y G A V R
S E N K E G E L T N Y E A E
S L L X L I N I E S Q Y L C
P O L Y G O N L N N O C O H
E C K E E L L I P S E E G T
P Y R A M I D E B Z X P T E
N I U Y Z Y L I N D E R K C
D R E I E C K X X Q N W E K
C T H Z O N K D O M E U N R
```

ECKE   SEITE
BOGEN   LINIE
KANTEN   OVAL
KREIS   PYRAMIDE
ZYLINDER   POLYGON
KEGEL   PRISMA
WÜRFEL   QUADRAT
KURVE   RECHTECK
ELLIPSE   KUGEL
HYPERBEL   DREIECK

75 - Oceano

```
S A L Z K X W A L F P K D F
C E N S C H W A M M O O T I
H Q W J L C R A B S A R M S
I E Q Y M N G I L X U A Q C
L K R A K E E N F D S L W H
D W R K K I Z V E F T L L Q
K W G A R N E L E H E E I U
R P N G B G I S T U R M S A
Ö P V U O B T W E L L E N L
T C L G O B E D E L F I N L
E B N V T T N Y R H S X Y E
T H U N F I S C H A D U E K
F A A L L Z A E I O H A I Q
T U U U K W G I I G Y M D Y
```

AAL	AUSTER
WAL	FISCH
BOOT	KRAKE
KORALLE	SALZ
DELFIN	RIFF
GARNELE	SCHWAMM
KRABBE	HAI
GEZEITEN	SCHILDKRÖTE
QUALLE	STURM
WELLEN	THUNFISCH

76 - Famiglia

```
P  B  S  J  M  R  P  V  J  S  N  I  B  M
G  R  O  S  S  M  U  T  T  E  R  B  V  U
E  U  T  C  X  M  Y  W  I  W  P  O  Ä  T
H  D  A  H  M  K  I  N  D  H  E  I  T  T
E  E  N  W  G  Ü  P  V  S  Z  V  S  E  E
F  R  T  E  R  K  T  Q  S  L  F  W  R  R
R  T  E  S  O  I  B  T  E  N  K  E  L  U
A  O  V  T  S  N  T  B  E  N  Q  V  I  S
U  C  O  E  S  D  Y  S  H  R  E  N  C  N
K  H  R  R  V  E  T  T  E  R  L  F  H  Y
I  T  F  A  A  R  Z  X  M  Q  G  I  F  R
N  E  A  G  T  C  O  V  A  T  E  R  C  E
D  R  H  X  E  G  A  O  N  K  E  L  E  H
C  J  R  P  R  S  C  C  N  T  E  G  Q  V
```

VORFAHR	EHEFRAU
KINDER	NEFFE
KIND	ENKEL
VETTER	GROSSMUTTER
TOCHTER	GROSSVATER
BRUDER	VATER
KINDHEIT	VÄTERLICH
MUTTER	SCHWESTER
EHEMANN	TANTE
MÜTTERLICH	ONKEL

77 - Veicoli

```
R M H O K X T A X I L W U S
E O U B O O T R F F V H B I
I T B W O H N W A G E N A Z
F O S Y F W Z E V K Y Y H N
E R C G L Z I B P A T E N Q
N B H G O Y R B O N P O G F
Q O R Z S N R B Q H K H R Ä
T O A O S F A H R R A D C H
D T U Y L Z U G H A Q G Q R
Y T B T Y L T P D U K V X E
R M E V N L E F S T E E A E
W U R R L K Z R W O K B T I
C J D A D W Y I J U C U C E
F L U G Z E U G E F I S S P
```

FLUGZEUG   REIFEN
AUTO   RAKETE
BUS   ROLLER
BOOT   U-BOOT
FAHRRAD   TAXI
LKW   FÄHRE
WOHNWAGEN   TRAKTOR
HUBSCHRAUBER   ZUG
U-BAHN   FLOSS
MOTOR

78 - Emozioni

```
R U H I G N S Q L C R M X I
H W S X Z U F R I E D E N N
D R Z F R I E D E N W U T H
B A X E U A Y C B R F L R A
C E N U H M U V E H U A E L
T H S K E U H F L N V N L T
U J N C B B A N G S T G I S
D F A P H A X I D E C E E D
X K T A G Ä R G C E R W F A
F R E U D E M T R P U E Z L
P A S Y M P A T H I E I G C
Ü B E R R A S C H E N L N T
E N T S P A N N T D X E U U
Z Ä R T L I C H K E I T H N
```

LIEBE	ANGST
RUHIG	WUT
INHALT	ENTSPANNT
AUFGEREGT	RELIEF
FREUDE	SYMPATHIE
DANKBAR	ZUFRIEDEN
BESCHÄMT	ÜBERRASCHEN
LANGEWEILE	ZÄRTLICHKEIT
FRIEDEN	RUHE

79 - Natura

```
E W Z Y O N M C U V T O W K
S R A G L E T S C H E R I T
F C O L K B F C S U L F L I
I T H S D E J H W X R E D E
Q N H U I L A U B X I G U R
H T E X T O B I E N E N V E
E D I A M Z N F Q N J F P O
I F L U S S C H Ö N H E I T
T Z I A R K T I S I N W L W
E E G K S C I W V U W Ü B S
R F T V Z D T R O P I S C H
P Y U Q A X U P Q I W T A B
E Z M T P S B W O L K E N I
D Y N A M I S C H B E R G E
```

TIERE
BIENEN
ARKTIS
SCHÖNHEIT
WÜSTE
DYNAMISCH
EROSION
FLUSS
LAUB
WALD

GLETSCHER
BERGE
NEBEL
WOLKEN
SCHUTZ
HEILIGTUM
WILD
HEITER
TROPISCH

80 - Balletto

```
K O M P O N I S T T W M K J
I N T E N S I T Ä T Y U C R
V C K Ü N S T L E R I S C H
C H O R E O G R A P H I E Y
T P T Ä N Z E R N J P K I T
E U R Y C X L A M W R M W H
E B I A P P L A U S O U Z M
E L J K X K W M T T B S F U
X I I I P I G S I I E K K S
A K V L P L S D G L F E F D
A U S D R U C K S V O L L G
A M O R C H E S T E R B I D
B A L L E R I N A G E S T E
F Ä H I G K E I T H B J Z F
```

FÄHIGKEIT
APPLAUS
KÜNSTLERISCH
BALLERINA
TÄNZER
KOMPONIST
CHOREOGRAPHIE
AUSDRUCKSVOLL
GESTE
ANMUTIG

INTENSITÄT
MUSKEL
MUSIK
ORCHESTER
PRAXIS
PROBE
PUBLIKUM
RHYTHMUS
STIL

81 - Castelli

```
T U R M W N A S M E Z R J F
A P F E R D M C F I T Ü T E
Q R H J I E S H E N P S O S
G G T F O C I W U H R T K T
D R A C H E H E D O I U Ö U
A I V C D P N R A R N N N N
N Y B D V Y T T L N Z G I G
K R O N E N R I T T E R G W
S K A T A P U L T P S D R Z
S C I E P K W N D R S A E R
A L H P A L A S T I I R I L
E Z M I M C N Q I N N M C U
N Q W B L A D H Q Z H O H L
C S Q R W D Y N A S T I E T
```

RÜSTUNG
KATAPULT
RITTER
PFERD
KRONE
DYNASTIE
DRACHE
FEUDAL
FESTUNG
REICH

EDEL
PALAST
WAND
PRINZ
PRINZESSIN
KÖNIGREICH
SCHILD
SCHWERT
TURM
EINHORN

82 - Campionato

```
F M E I S T E R S C H A F T
B I K K U J L I G A A L Q T
S F N M O T I V A T I O N R
C T G A T F Y R N X M X F A
H U R M L S P I E L E A O I
W R Y A K I U V I V D U B N
E N I N T R S M S B A S J E
I I C N V E I T U U I D F R
S E Q S I E G C Y T L A B Y
S R S C J E I I H O L U J S
X S P H Z G R S E T E E P K
V X O A Y E A X N G E R T L
P E R F O R M A N C E R F H
G F T T C H A M P I O N R Y
```

TRAINER
MEISTERSCHAFT
CHAMPION
FINALIST
SPIELE
RICHTER
LIGA
MEDAILLE
MOTIVATION

PERFORMANCE
AUSDAUER
SPORT
MANNSCHAFT
STRATEGIE
SCHWEISS
TURNIER
SIEG

83 - Foresta Pluviale

```
G O W W E R T V O L L Z B U
E X W T A K L I M A H U U Q
M O O S C R P E R T U F E H
E E D C Y W T L C Ü C L N N
I I V S Q J G F I B X U S L
N N F I C F B A X E W C Ä Q
S H I G A H T L H R O H U T
C E R O Z P U T A L L T G Q
H I E V D L I N S E K T E N
A M S F P Z R E G B E Y T A
F I A M P H I B I E N X I T
T S R E S P E K T N L W E U
L C B O T A N I S C H H R R
E H N I U N D R L V Ö G E L
```

AMPHIBIEN
BOTANISCH
KLIMA
GEMEINSCHAFT
VIELFALT
DSCHUNGEL
EINHEIMISCH
INSEKTEN
SÄUGETIERE

MOOS
NATUR
WOLKEN
WERTVOLL
ZUFLUCHT
RESPEKT
ÜBERLEBEN
ART
VÖGEL

84 - Edifici

```
E O E L A B O R T E O V U K
S I U K E P Y B U T Z S N I
S C D B K H A K R V J G W N
C H H S U P E R M A R K T O
H E L U R P W A T Z Z E C B
E R B H L V P N B M E E C O
U B T Q F E Z K C U E L V T
N E T H E A T E R S S N T S
E R R Y T E P N F E T K T C
Q G J L K N M H A U A A H H
D E T D Q D N A B M D B O A
S C H L O S S U R Z I I T F
C S M V T X I S I F O N E T
X R H T B B U C K M N E L U
```

BOTSCHAFT	MUSEUM
APARTMENT	KRANKENHAUS
KABINE	HERBERGE
SCHLOSS	SCHULE
KINO	STADION
FABRIK	SUPERMARKT
SCHEUNE	THEATER
HOTEL	ZELT
LABOR	TURM

85 - Paesi #2

```
U E S F M I Y F B L M H M F
B L W P V N M Z V I E A B G
Q U M R M D X M S B X I C R
S O A D E O I A C E I T U I
Z R X D Ä N E M A R K I K E
S U D A N E R N G I O K R C
N S M S Z S J A M A I K A H
E S K N D I V J I O L Q I E
P L H I R E U N Q R G Y N N
A A Q G N N H I W F L T E L
L N I E U M J A P A N A Y A
F D O R L A O S Y R I E N N
P A K I S T A N D R S O Q D
A L B A N I E N U G A N D A
```

ALBANIEN
DÄNEMARK
JAMAIKA
JAPAN
GRIECHENLAND
HAITI
INDONESIEN
IRLAND
LAOS
LIBERIA

MEXIKO
NEPAL
NIGERIA
PAKISTAN
RUSSLAND
SYRIEN
SUDAN
UKRAINE
UGANDA

86 - Tipi di Capelli

```
G Y P N A B X V H Q U V H G
W E W N P T Z L K F E G Z E
G D F B V V Q O A B C R T S
R R H L W E I C H R C M R U
R L A L O S X G L A T T O N
I O H U P C B P R U R T C D
H C S M J H H N Y N L A K T
K K I Z V W U T X U A M E S
U E L D V A L I E B N B N T
R N B H Q R O O R N G L F D
Z W E V M Z X U C S K O X Ü
F A R B I G M H R K Y N V N
C D I C K W E I S S I D M N
Z Ö P F E R Z P K H U G Y H
```

SILBER	LANG
TROCKEN	BRAUN
WEISS	WEICH
BLOND	SCHWARZ
KURZ	LOCKIG
KAHL	LOCKEN
FARBIG	GESUND
GRAU	DÜNN
GEFLOCHTEN	DICK
GLATT	ZÖPFE

87 - Vestiti

```
K H U T A E E U L A Y Q A H
B L U S E H B X H O S E R A
A W E D X A C O E S B P M N
V V S I A L J J M A U S B D
J G C I D S A M D N P X A S
V E H D B K C O U D U F N C
K V A P K E K D M A L Z D H
M O L N V T E E Y L L E F U
C A V H S T S V E E O Z N H
Z H N Y R E V F J N V C Z E
T W P T S C H Ü R Z E Q P V
H L U V E S C H U H R O C K
P G S C H L A F A N Z U G B
Q M L Q G G Ü R T E L E D O
```

KLEID
ARMBAND
BLUSE
HEMD
HUT
MANTEL
GÜRTEL
HALSKETTE
JACKE
ROCK

SCHÜRZE
HANDSCHUHE
JEANS
PULLOVER
MODE
HOSE
SCHLAFANZUG
SANDALEN
SCHUH
SCHAL

88 - Attività e Tempo Libero

```
F  K  B  I  X  H  O  B  B  I  E  S  R  B
V  U  G  O  L  F  K  F  G  C  B  C  G  K
D  N  S  L  X  I  L  H  A  A  A  H  E  E
B  S  B  S  Z  E  Z  E  R  M  S  W  I  N
A  T  R  A  B  V  N  K  T  P  E  I  N  T
N  E  D  J  S  A  X  F  E  I  B  M  K  S
G  N  G  M  Y  K  L  M  N  N  A  M  A  P
E  N  R  E  I  S  E  L  A  G  L  E  U  A
L  I  W  R  F  Q  L  T  R  R  L  N  F  N
N  S  V  O  L  L  E  Y  B  A  L  L  E  N
R  J  G  E  M  Ä  L  D  E  A  O  O  N  E
A  W  A  N  D  E  R  N  I  R  L  B  R  N
S  U  R  F  E  N  B  Z  T  L  S  L  X  D
T  A  U  C  H  E  N  W  C  C  T  J  Z  I
```

KUNST
BASEBALL
BASKETBALL
BOXEN
FUSSBALL
CAMPING
WANDERN
GARTENARBEIT
GOLF
HOBBIES

TAUCHEN
SCHWIMMEN
VOLLEYBALL
ANGELN
GEMÄLDE
ENTSPANNEND
EINKAUFEN
SURFEN
TENNIS
REISE

89 - Tecnologia

```
B L O G T Y A C T Y P G S Z
R I J I Y A W S I D C C I W
O S J S P X A A N N O G C V
W S T D P F B Y T E S G H F
S D K A M E R A E A S H E O
E Z O T T Z C U R S O R R R
R C N E N I N F N K F Q H S
J S Y I X B S O E T T D E C
D I G I T A L T T U W A I H
C O M P U T E R I E A T T U
N A C H R I C H T K R E S N
S C H R I F T A R T E N T G
B I L D S C H I R M C T U B
V I R T U E L L Q V I R U S
```

BLOG
BROWSER
BYTES
COMPUTER
CURSOR
DATEN
DIGITAL
DATEI
SCHRIFTART
INTERNET

NACHRICHT
FORSCHUNG
BILDSCHIRM
SICHERHEIT
SOFTWARE
STATISTIK
KAMERA
VIRTUELL
VIRUS

90 - Arte

```
E T S E R H G P L N F H E C
I N S P I R I E R T S Q Q R
E I N F A C H R M J R G V L
O S Y M B O L S I Ä H S M L
F R N N C N I Ö U F L S L G
H P I J V G B N C J E D Q E
Y Q O G S K U L P T U R E G
A U D Y I S T I M M U N G E
L E N Z A N S C H A F F E N
C X B C Q H A H G N S W N S
K O M P L E X L E J O H C T
A U S D R U C K J B X J V A
M P O E S I E H R L I C H N
U X B N U S K E R A M I K D
```

KERAMIK
KOMPLEX
SCHAFFEN
GEMÄLDE
AUSDRUCK
INSPIRIERT
EHRLICH
ORIGINAL

PERSÖNLICH
POESIE
SKULPTUR
EINFACH
SYMBOL
GEGENSTAND
STIMMUNG

91 - Meteo

```
M O N S U N X S Q A A G H B
T E M P E R A T U R T T Q I
R R U Z S Z H U V T M J H F
O E O D A F M R F W O K E Y
P G I C L I X M C I S Y I X
I E Q V K I B Y B P P X S X
S N K B B E U X E H H B K V
C B F L R E N S X T Ä K D I
H O U I I U J D Q O R W E Q
I G D T S M C O O R E O E D
M E W Z E V A W Y N D L F Ü
M N X H U R R I K A N K X R
E N E B E L W N Y D N E M R
L P O L A R F D S O M N R E
```

REGENBOGEN	WOLKE
TROCKEN	POLAR
ATMOSPHÄRE	DÜRRE
BRISE	TEMPERATUR
HIMMEL	STURM
KLIMA	TORNADO
BLITZ	TROPISCH
EIS	DONNER
MONSUN	HURRIKAN
NEBEL	WIND

92 - Corpo Umano

```
P O Z J H G M A G E N G H X
L H L Q X F M L C U O E A J
W R F I N G E R E R W H X O
T V U S I G E S I C H T O A
P L R W M E F W K X M E G B
K Y Y Y X H N E N I U Z T V
L Y G Y D I A B I R N I J S
G Y G B N R S L E M D N P C
H I B C V N E U S A T J A H
B E I N H A U T T Y U U Q U
H A N D K N Ö C H E L G U L
E L L B O G E N H E R Z E T
V M V M P A N E N V O A W E
D X O R F A A W D H M B H R
```

MUND
KNÖCHEL
GEHIRN
HALS
HERZ
FINGER
GESICHT
BEIN
KNIE
ELLBOGEN

HAND
KINN
NASE
AUGE
OHR
HAUT
BLUT
SCHULTER
MAGEN
KOPF

93 - Mammiferi

```
M U G A Q Z G W K A T Z E Z
S T I E R M B H O B L H T E
L G R K L Ö W E J L C A F B
P E A O Ä E I R O C F S G R
Q U F V V N F O T N Q E G A
J P F E R D G A E F W S I J
Y T E D K A N U N K A W Z V
H I R S C H D Y R T L F S R
W W B H A C A Z M U V W R D
G O R I L L A F F E Z D M X
C G Y C W R T U B I I S U Z
S C H A F E M C Ä H H R S T
D E L F I N K H R H U N D Q
I S X D E F P S F G G H Y B
```

WAL
HUND
KÄNGURU
PFERD
HIRSCH
HASE
KOJOTE
DELFIN
ELEFANT
KATZE

GIRAFFE
GORILLA
LÖWE
WOLF
BÄR
SCHAF
AFFE
STIER
FUCHS
ZEBRA

94 - Arrampicata

```
A T V S T A B I L I T Ä T H
N T I E C P H Y S I S C H A
E C M D R H E L M B C G N N
U L G O C L M G S S H E F D
G L W X S A E A P U H L X S
I V Z K Z P C T L N M Ä L C
E G E A S B H C Z F Y N Y H
R E L R J T Ö Ä M U X D K U
C F K T M C H Z R E N E S H
L B W E X P E R T E E G T E
S T I E F E L H Ö H L E Ä M
F Ü H R E R K P Z A Q N R J
A U S B I L D U N G J Y K Q
J R W A N D E R N A S B E R
```

HÖHE	HÖHLE
ATMOSPHÄRE	HANDSCHUHE
HELM	FÜHRER
NEUGIER	VERLETZUNG
WANDERN	KARTE
EXPERTE	STABILITÄT
PHYSISCH	STIEFEL
AUSBILDUNG	SCHMAL
STÄRKE	GELÄNDE

95 - Animali Domestici

```
H U N D R L A S K S T N I B
E I L E N K D C Ä C I L V J
C S F E W K U H T H F N N N
W H S I I H F I Z W X H H X
A A T E S N I L C A M A U S
S M I S N C E D H N Z S E Y
S S E A Y A H K E Z I E G E
E T R H H H A R S N H P I
R E A M W H F Ö B W Z T A D
G R R W E V V T V W E L P E
X V Z V H C S E R A X I A C
H C T O P F O T E N O I G H
K A T Z E O D M A S K X E S
K R A G E N V K F V W L I E
```

WASSER	KATZE
HUND	LEINE
ZIEGE	EIDECHSE
ESSEN	KUH
SCHWANZ	PAPAGEI
KRAGEN	FISCH
HASE	SCHILDKRÖTE
HAMSTER	MAUS
WELPE	TIERARZT
KÄTZCHEN	PFOTEN

96 - Cucina

```
V F C J Y V O O R V K P E P
G H Z Y S G D F U M G R U Z
W A S S E R K O C H E R U Q
S Y V H D I M U L X A X D G
G C K Ü H L S C H R A N K S
E R H E P L Ö F F E L O G E
W E M Ü L G A B E L N F N R
Ü S N D R L J O N Q H E M V
R S W R E Z E P T Q J N G I
Z E A Y R U E Z A Q C G F E
E N W X D X Z G S B H E N T
N U P X H B F H S Q R E Q T
M S C H W A M M E S S E R E
S C H Ü S S E L N W V F K Z
```

WASSERKOCHER	SCHÜRZE
KRUG	GRILL
ESSEN	KELLE
SCHÜSSEL	REZEPT
MESSER	GEWÜRZE
LÖFFEL	SCHWAMM
GABELN	TASSEN
OFEN	SERVIETTE
KÜHLSCHRANK	

97 - Vacanze #2

```
Z O V H L C T Y O I H R Z Q
Z F L U G H A F E N O E I F
U R L A U B X M F A T I E X
G E V M Z Q I S P N E S L R
F R E I Z E I T T I L E J E
T M E E R A I R T R N V X S
K R S N Y Y K D Z W A G F T
K K A L V H L O G P L N G A
Z A Y N I K T G W T I U D U
E R M M S A U S L Ä N D E R
L T I P U P F O T O S A T A
T E R H M A O F X B E A X N
J N O H P S V R F P L B P T
S J Y D M S F Q T M L F N J
```

FLUGHAFEN
CAMPING
ZIEL
FOTOS
HOTEL
INSEL
KARTE
MEER
PASS
RESTAURANT

STRAND
AUSLÄNDER
TAXI
FREIZEIT
ZELT
TRANSPORT
ZUG
URLAUB
REISE
VISUM

98 - Attività

```
F  F  Ä  H  I  G  K  E  I  T  I  R  F  A
T  O  I  N  T  E  R  E  S  S  E  N  D  J
L  H  T  B  D  S  S  L  M  K  N  P  D  A
Z  R  Q  O  X  V  M  I  O  A  U  R  C  G
I  V  E  R  G  N  Ü  G  E  N  G  N  G  D
W  A  N  D  E  R  N  D  X  W  Q  I  S  B
L  E  S  E  N  R  A  N  G  E  L  N  E  T
K  E  R  A  M  I  K  F  S  P  I  E  L  E
D  K  T  N  J  O  O  N  I  V  E  D  N  I
A  K  T  I  V  I  T  Ä  T  E  T  J  P  R
C  A  M  P  I  N  G  H  O  W  S  X  G  X
T  A  N  Z  E  N  G  E  N  O  F  L  V  Q
E  N  T  S  P  A  N  N  U  N  G  X  Q  H
K  U  N  S  T  H  A  N  D  W  E  R  K  J
```

FÄHIGKEIT	WANDERN
KUNST	FOTOGRAFIE
KUNSTHANDWERK	SPIELE
AKTIVITÄT	INTERESSEN
JAGD	LESEN
CAMPING	MAGIE
KERAMIK	ANGELN
NÄHEN	VERGNÜGEN
TANZEN	ENTSPANNUNG

99 - Forniture Artistiche

```
H  K  Q  Z  L  H  Z  N  L  A  D  M  S  B
O  K  A  E  K  Q  V  U  L  R  P  V  T  Ü
L  E  I  M  B  H  X  N  P  P  C  J  U  R
Z  P  P  R  P  S  X  M  F  C  K  Ö  H  S
K  R  E  A  T  I  V  I  T  Ä  T  J  L  T
O  W  A  D  P  X  Y  T  P  Q  A  T  G  E
H  A  K  I  B  I  T  O  N  B  Z  K  W  N
L  S  M  E  B  L  E  I  S  T  I  F  T  E
E  S  X  R  V  A  C  R  Y  L  I  W  S  G
T  E  K  G  N  V  E  Q  E  I  D  N  V  V
W  R  T  U  B  O  F  A  R  B  E  N  T  L
G  K  A  M  E  R  A  T  A  B  E  L  L  E
K  O  H  M  X  C  X  C  Z  A  N  F  C  F
S  G  H  I  S  T  A  F  F  E  L  E  I  E
```

WASSER	RADIERGUMMI
ACRYL	IDEEN
TON	TINTE
HOLZKOHLE	BLEISTIFTE
PAPIER	ÖL
STAFFELEI	STUHL
LEIM	BÜRSTEN
FARBEN	TABELLE
KREATIVITÄT	KAMERA

100 - Misurazioni

```
S  E  S  B  C  L  L  B  H  N  Y  T  D  T
Z  B  A  L  L  F  Ä  R  Y  C  J  I  E  O
A  B  P  A  E  U  N  Z  E  T  X  E  Z  N
Z  G  D  S  U  R  G  C  A  V  E  F  I  N
G  R  A  D  H  M  E  W  I  P  D  E  M  E
O  A  N  H  Ö  H  E  B  W  U  N  G  A  M
W  M  C  L  W  F  V  T  R  V  M  L  L  F
O  M  U  Q  D  G  O  Y  E  E  T  F  W  G
Z  O  L  L  G  S  G  B  Z  R  I  L  W  E
M  I  N  U  T  E  H  R  M  V  Y  T  H  W
A  K  I  L  O  M  E  T  E  R  V  I  E  I
S  C  V  L  I  T  E  R  X  D  P  A  B  C
S  Z  E  N  T  I  M  E  T  E  R  S  B  H
E  K  I  L  O  G  R  A  M  M  M  O  P  T
```

HÖHE	LÄNGE
BYTE	MASSE
ZENTIMETER	METER
KILOGRAMM	MINUTE
KILOMETER	UNZE
DEZIMAL	GEWICHT
GRAD	ZOLL
GRAMM	TIEFE
BREITE	TONNE
LITER	

1 - Scacchi

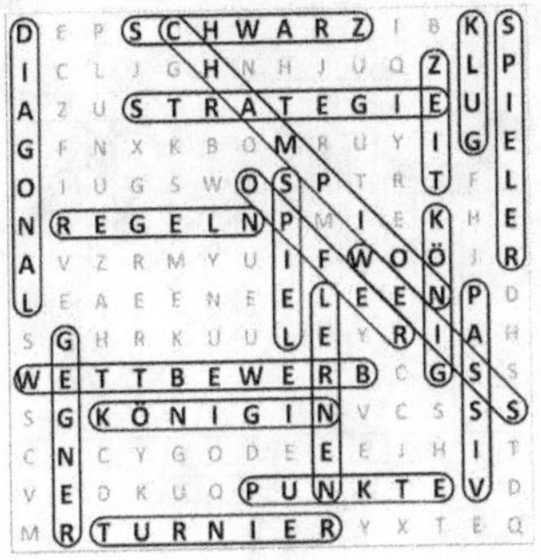

2 - Aggettivi #2

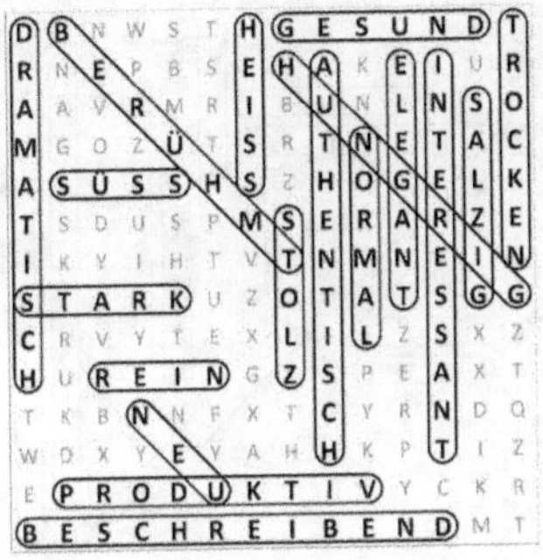

3 - Mobili

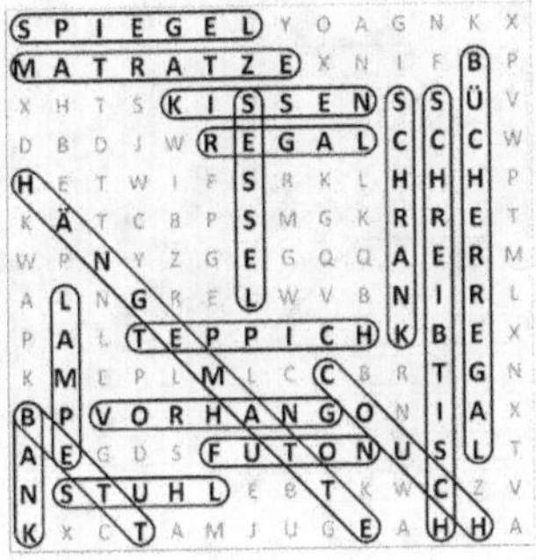

4 - Pesca

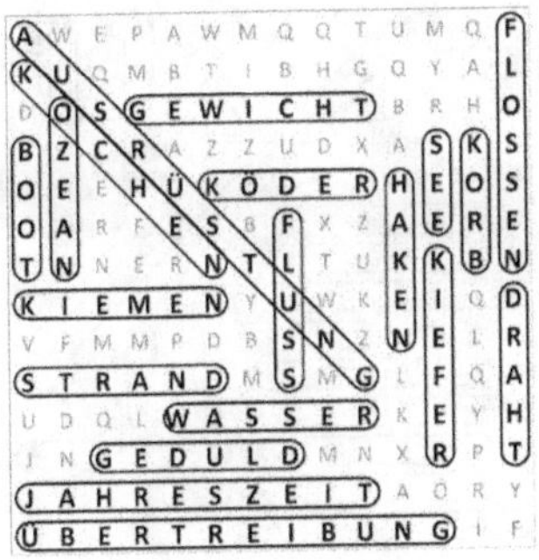

5 - Aggettivi #1

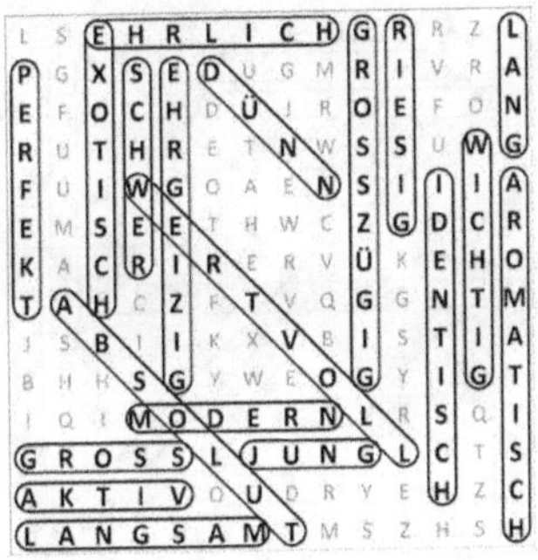

6 - Geologia

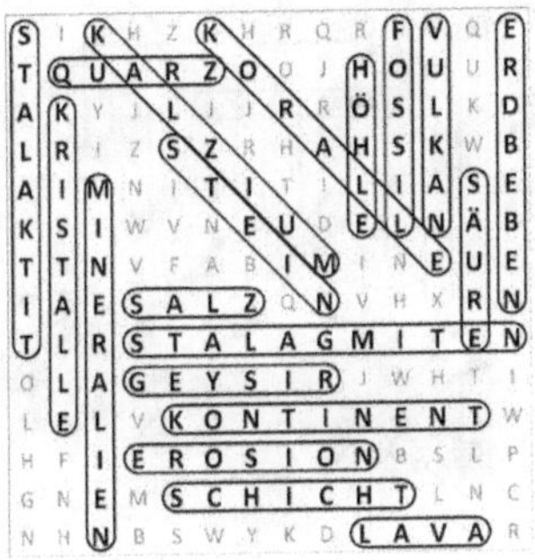

7 - Campeggio

8 - Arti Visive

9 - Esplorazione

10 - Tempo

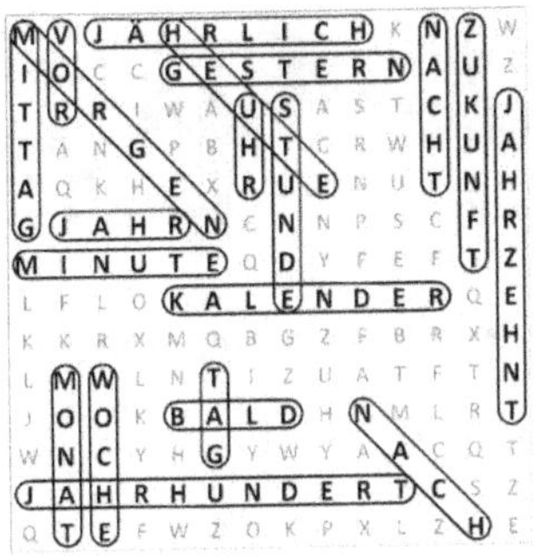

11 - Astronomia

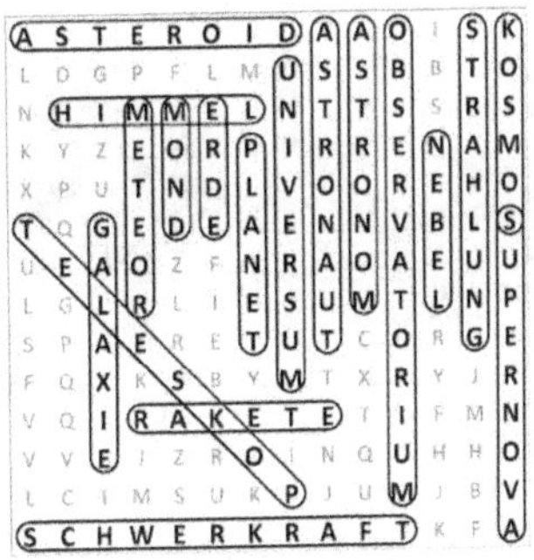

12 - Circo

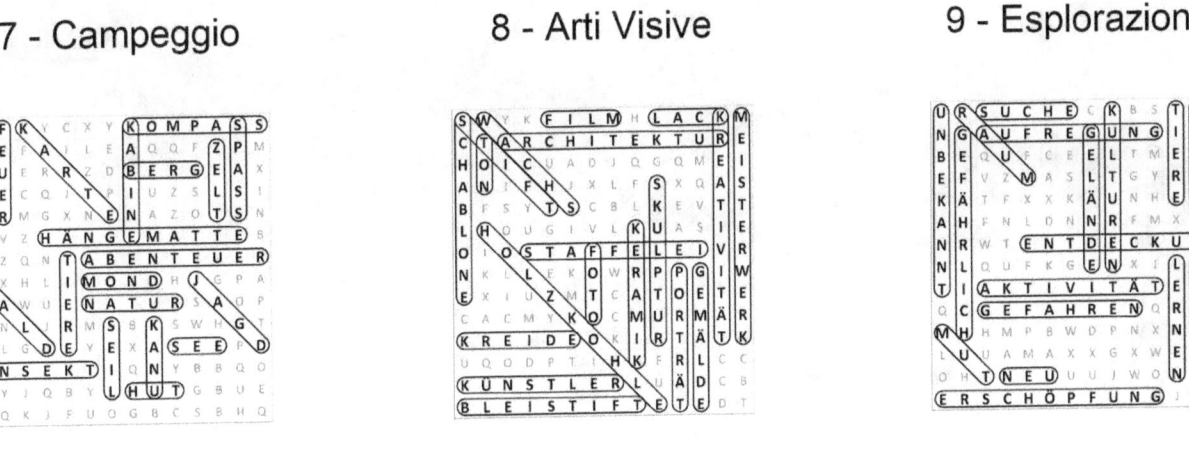

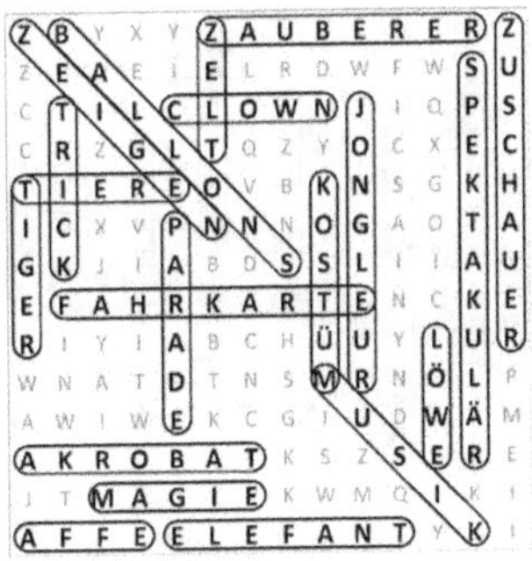

13 - Mitologia

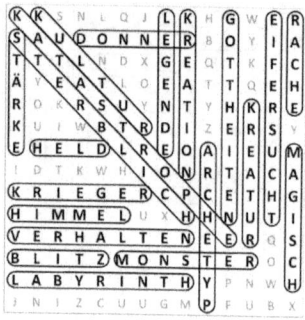

14 - Piante

15 - Spezie

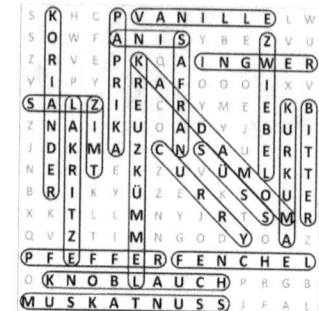

16 - Numeri

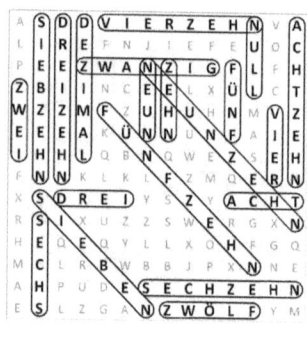

17 - Cioccolato

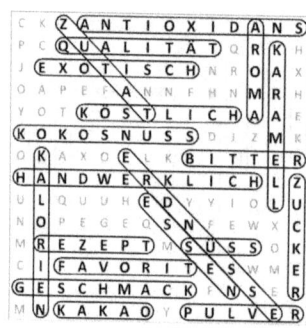

18 - Guida

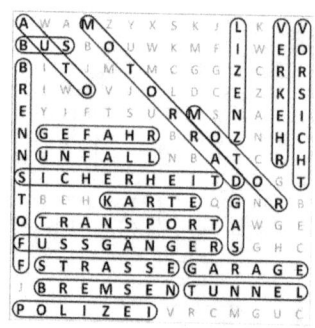

19 - Sport

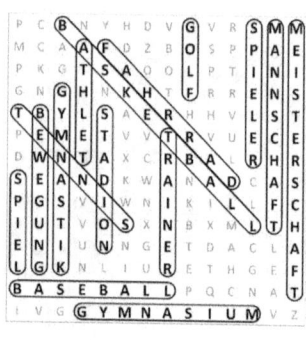

20 - Giocattoli

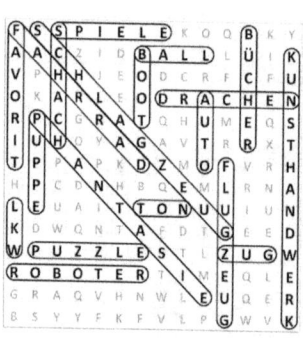

21 - Uccelli

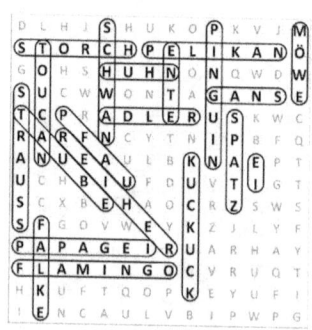

22 - Giorni e Mesi

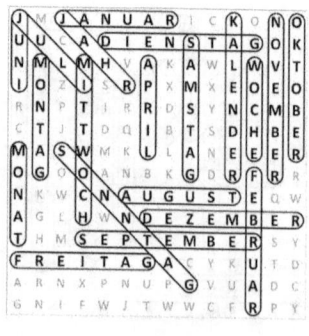

23 - Casa

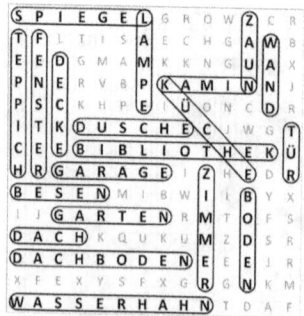

24 - Ristorante #1

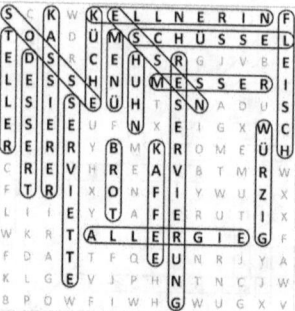

25 - Fantascienza

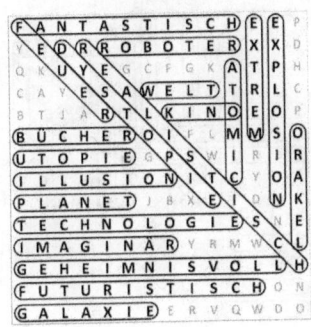

26 - Città

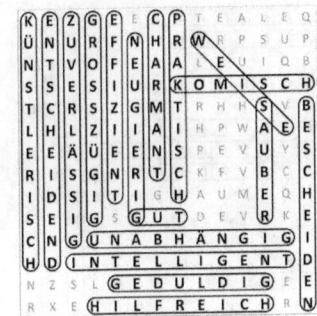

27 - Virtù #1

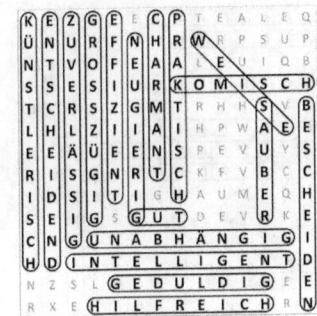

28 - Compleanno

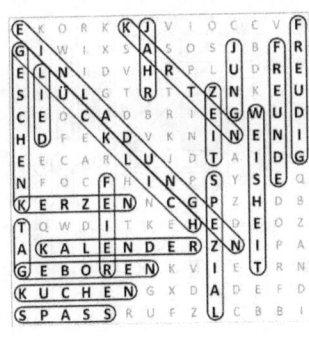

29 - Fattoria #1

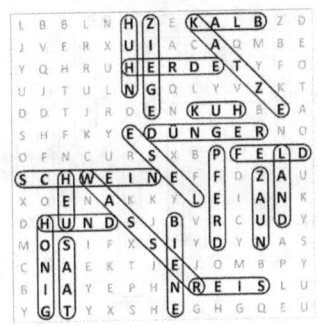

30 - Paesaggi

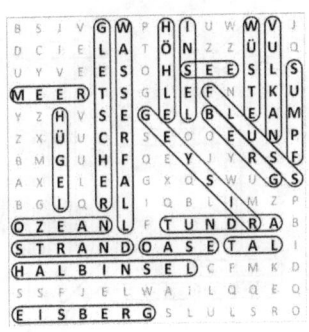

31 - Ristorante #2

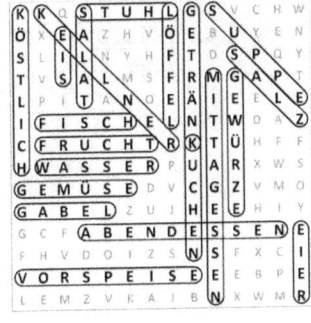

32 - Giardino

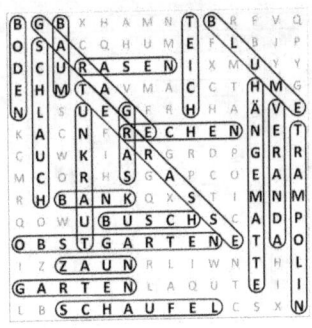

33 - Frutta

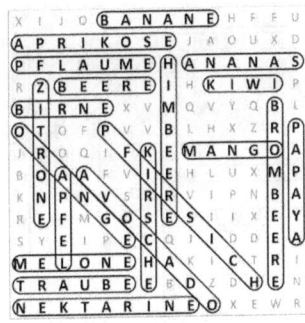

34 - Fattoria #2

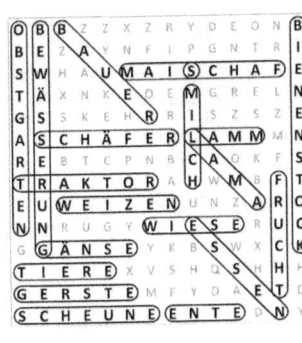

35 - Dinosauri

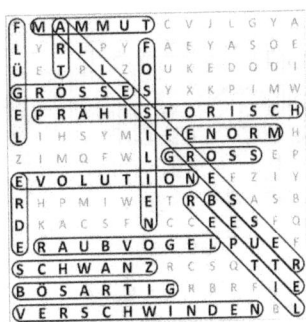

36 - Verdure

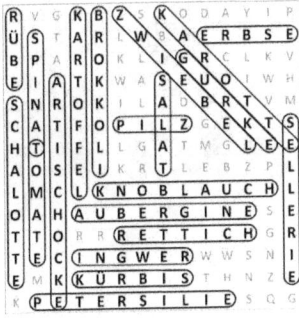

37 - Scuola #2

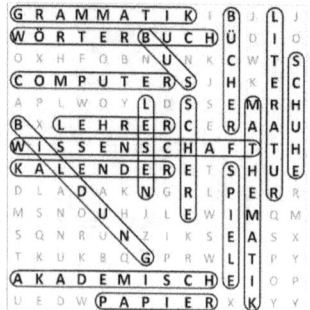

38 - Barbecue

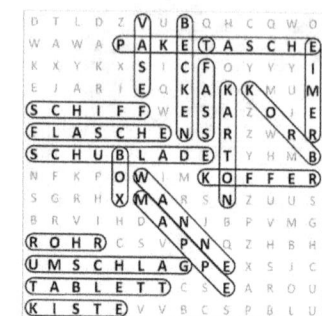

39 - Riempire

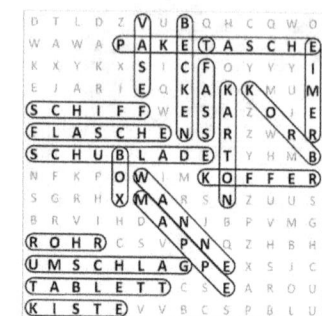

40 - Insetti

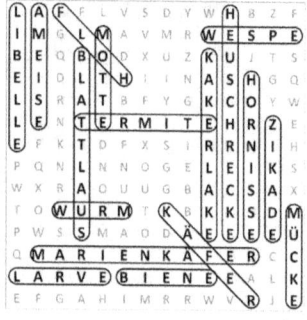

41 - Erboristeria

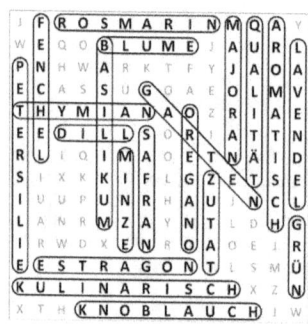

42 - Danza

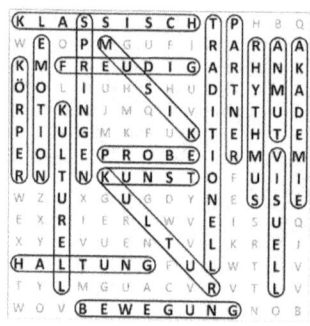

43 - Scuola #1

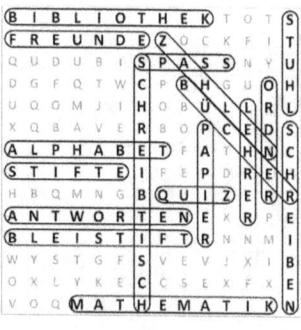

44 - Fiori

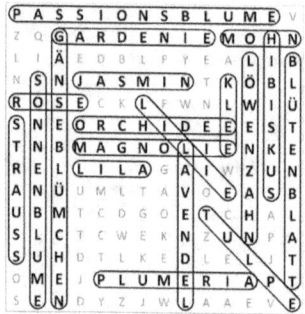

45 - Ecologia

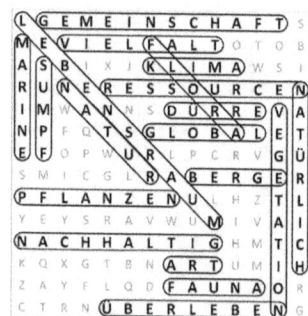

46 - Discipline Scientifiche

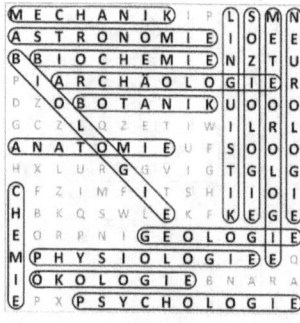

47 - Scienza

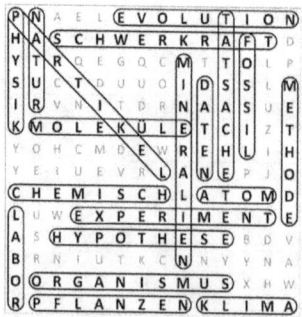

48 - Acqua

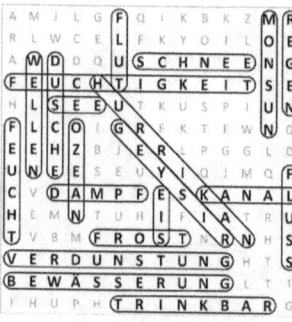

49 - Gatti

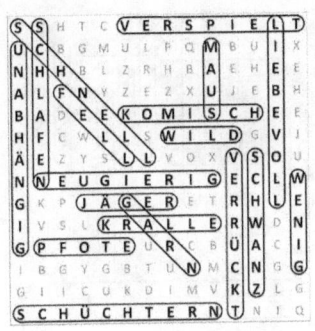

50 - Surf

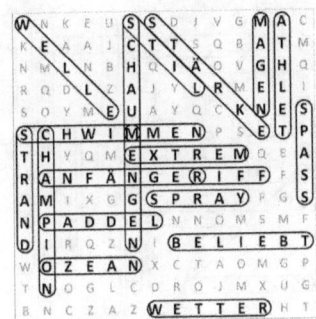

51 - Imbarcazioni

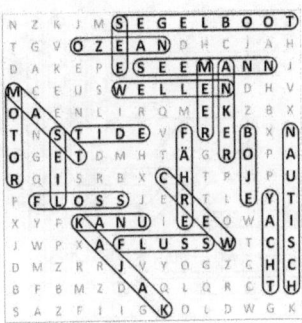

52 - Api

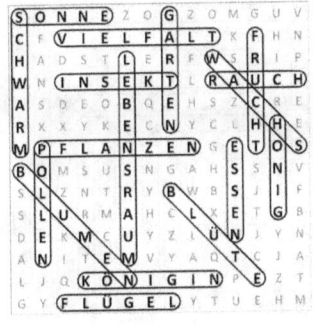

53 - Conservazione

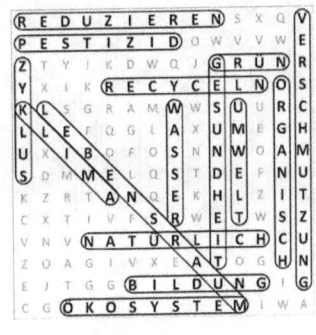

54 - Strumenti Musicali

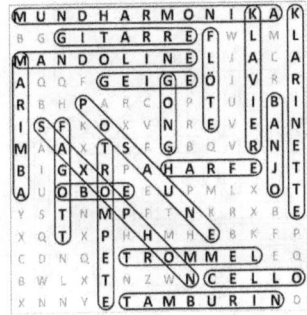

55 - Professioni #2

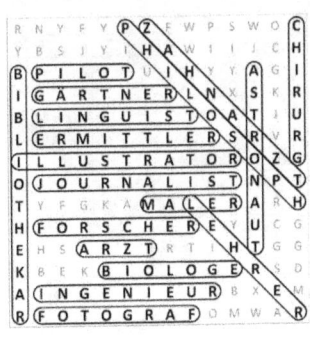

56 - Letteratura

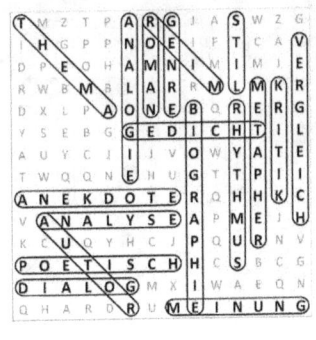

57 - Cibo #2

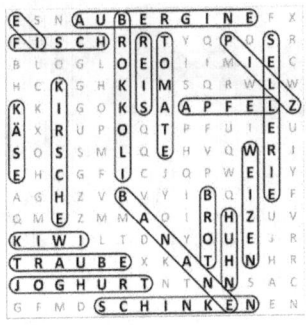

58 - Nutrizione

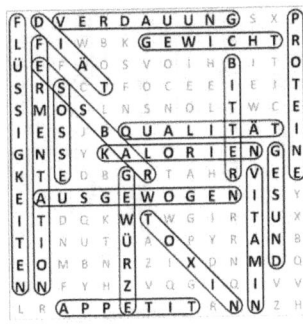

59 - Matematica

60 - Vacanza #1

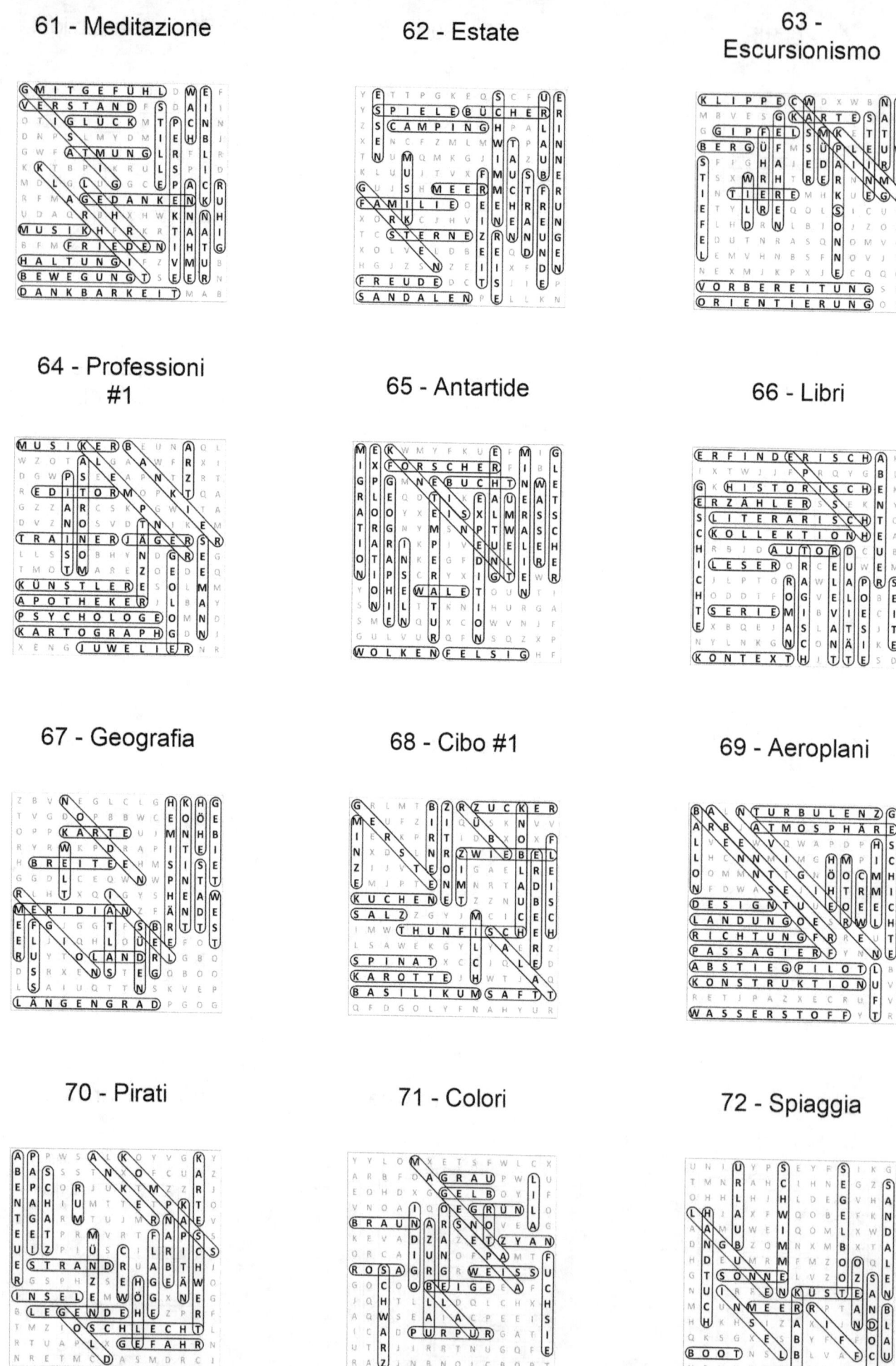

61 - Meditazione

62 - Estate

63 - Escursionismo

64 - Professioni #1

65 - Antartide

66 - Libri

67 - Geografia

68 - Cibo #1

69 - Aeroplani

70 - Pirati

71 - Colori

72 - Spiaggia

73 - Avventura

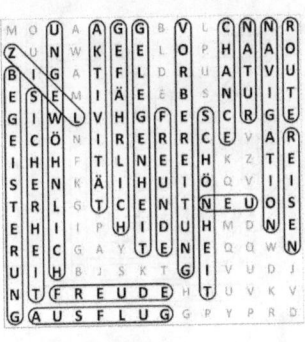

74 - Forme

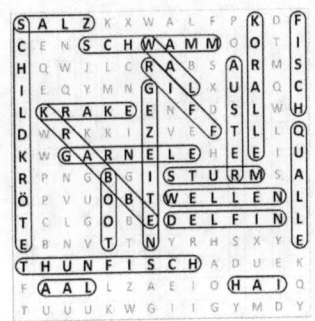

75 - Oceano

76 - Famiglia

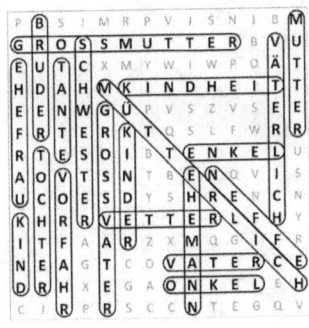

77 - Veicoli

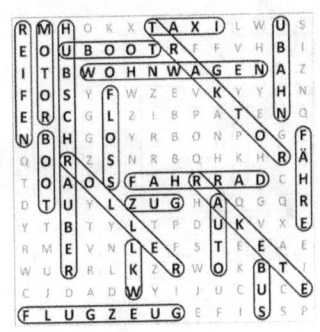

78 - Emozioni

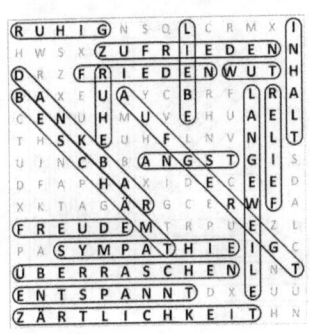

79 - Natura

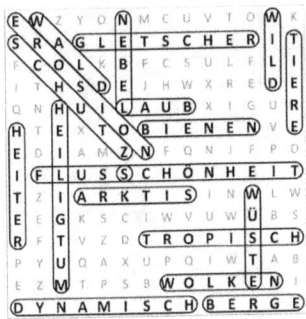

80 - Balletto

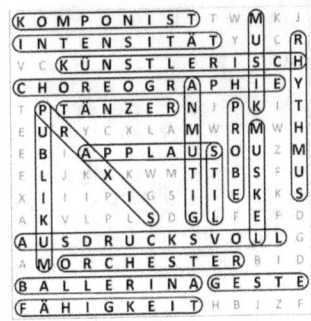

81 - Castelli

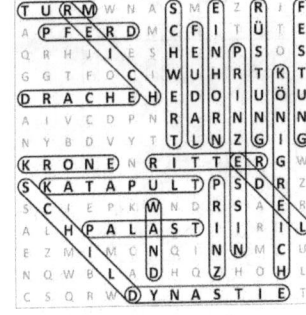

82 - Campionato

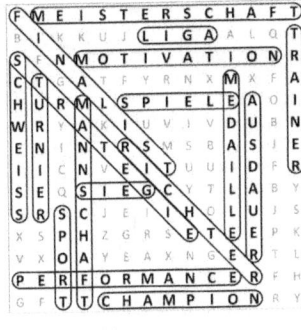

83 - Foresta Pluviale

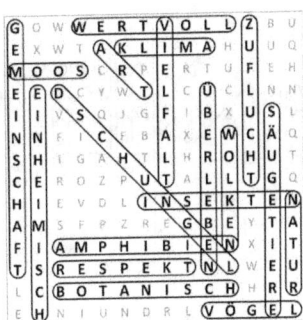

84 - Edifici

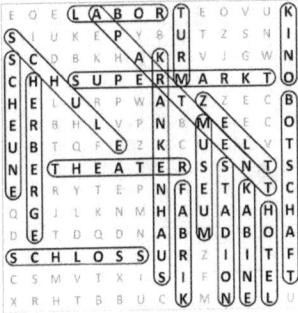

85 - Paesi #2

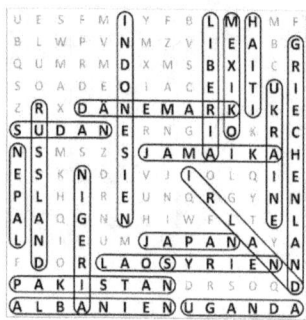

86 - Tipi di Capelli

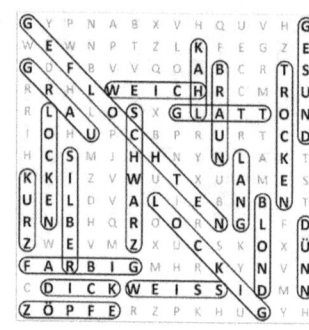

87 - Vestiti

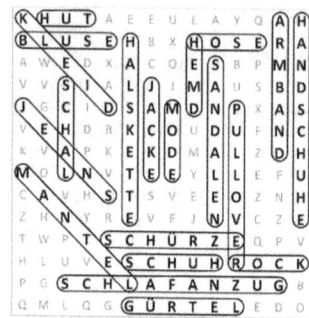

88 - Attività e Tempo Libero

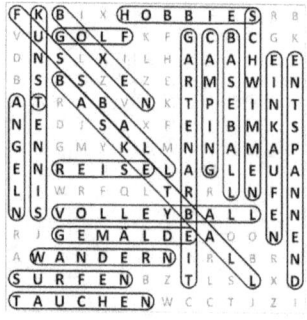

89 - Tecnologia

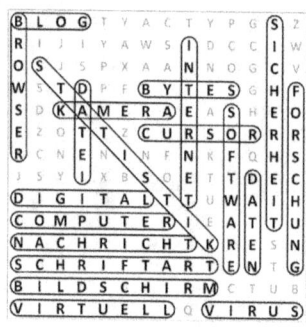

90 - Arte

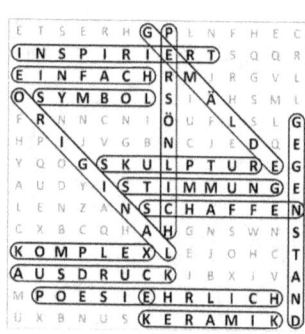

91 - Meteo

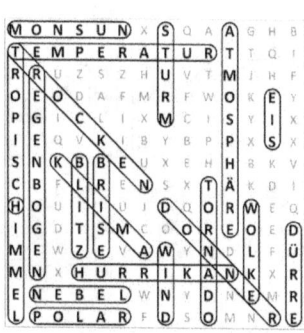

92 - Corpo Umano

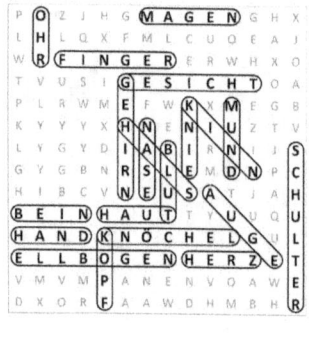

93 - Mammiferi

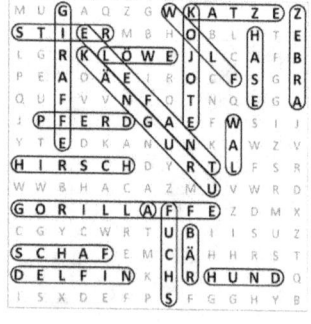

94 - Arrampicata

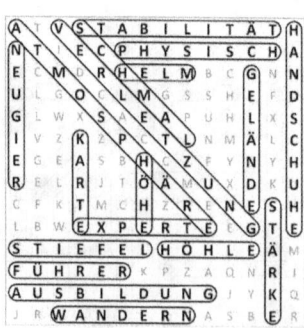

95 - Animali Domestici

96 - Cucina

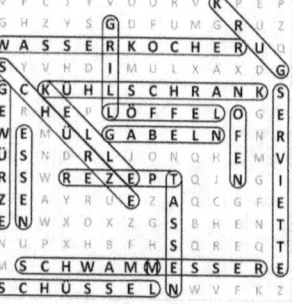

97 - Vacanze #2

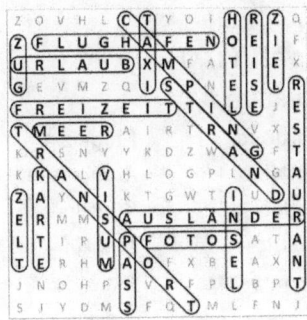

98 - Attività

99 - Forniture Artistiche

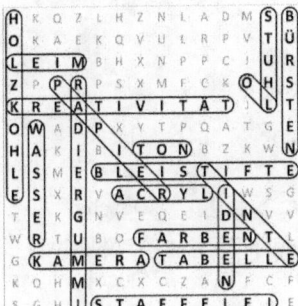

100 - Misurazioni

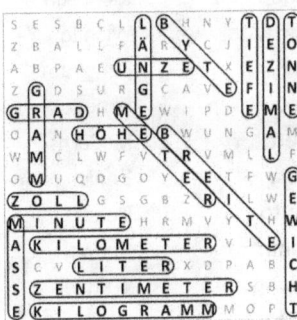

Dizionario

Acqua
Wasser

Alluvione	Flut
Canale	Kanal
Doccia	Dusche
Evaporazione	Verdunstung
Fiume	Fluss
Gelo	Frost
Geyser	Geysir
Ghiaccio	Eis
Irrigazione	Bewässerung
Lago	See
Monsone	Monsun
Neve	Schnee
Oceano	Ozean
Onde	Wellen
Pioggia	Regen
Potabile	Trinkbar
Umidità	Feuchtigkeit
Umido	Feucht
Uragano	Hurrikan
Vapore	Dampf

Aeroplani
Flugzeuge

Altezza	Höhe
Aria	Luft
Atmosfera	Atmosphäre
Atterraggio	Landung
Avventura	Abenteuer
Carburante	Brennstoff
Cielo	Himmel
Costruzione	Konstruktion
Design	Design
Direzione	Richtung
Discesa	Abstieg
Equipaggio	Crew
Idrogeno	Wasserstoff
Motore	Motor
Navigare	Navigieren
Palloncino	Ballon
Passeggero	Passagier
Pilota	Pilot
Storia	Geschichte
Turbolenza	Turbulenz

Aggettivi #1
Adjektive #1

Ambizioso	Ehrgeizig
Aromatico	Aromatisch
Artistico	Künstlerisch
Assoluto	Absolut
Attivo	Aktiv
Enorme	Riesig
Esotico	Exotisch
Generoso	Grosszügig
Giovane	Jung
Grande	Gross
Identico	Identisch
Importante	Wichtig
Lento	Langsam
Lungo	Lang
Moderno	Modern
Onesto	Ehrlich
Perfetto	Perfekt
Pesante	Schwer
Prezioso	Wertvoll
Sottile	Dünn

Aggettivi #2
Adjektive #2

Affamato	Hungrig
Asciutto	Trocken
Autentico	Authentisch
Caldo	Heiss
Creativo	Kreativ
Descrittivo	Beschreibend
Dolce	Süss
Drammatico	Dramatisch
Elegante	Elegant
Famoso	Berühmt
Forte	Stark
Interessante	Interessant
Naturale	Natürlich
Normale	Normal
Nuovo	Neu
Orgoglioso	Stolz
Produttivo	Produktiv
Puro	Rein
Salato	Salzig
Sano	Gesund

Animali Domestici
Haustiere

Acqua	Wasser
Cane	Hund
Capra	Ziege
Cibo	Essen
Coda	Schwanz
Collare	Kragen
Coniglio	Hase
Criceto	Hamster
Cucciolo	Welpe
Gattino	Kätzchen
Gatto	Katze
Guinzaglio	Leine
Lucertola	Eidechse
Mucca	Kuh
Pappagallo	Papagei
Pesce	Fisch
Tartaruga	Schildkröte
Topo	Maus
Veterinario	Tierarzt
Zampe	Pfoten

Antartide
Antarktis

Acqua	Wasser
Ambiente	Umwelt
Baia	Bucht
Balene	Wale
Conservazione	Erhaltung
Continente	Kontinent
Esplorazione	Exploration
Geografia	Geographie
Ghiacciai	Gletscher
Ghiaccio	Eis
Isole	Inseln
Migrazione	Migration
Minerali	Mineralien
Nuvole	Wolken
Penisola	Halbinsel
Ricercatore	Forscher
Roccioso	Felsig
Spedizione	Expedition
Temperatura	Temperatur
Topografia	Topographie

Api
Bienen

Ali	Flügel
Alveare	Bienenkorb
Benefico	Vorteilhaft
Cera	Wachs
Cibo	Essen
Diversità	Vielfalt
Ecosistema	Ökosystem
Fiori	Blumen
Fiorire	Blüte
Frutta	Frucht
Fumo	Rauch
Giardino	Garten
Habitat	Lebensraum
Insetto	Insekt
Miele	Honig
Piante	Pflanzen
Polline	Pollen
Regina	Königin
Sciame	Schwarm
Sole	Sonne

Arrampicata
Klettern

Altitudine	Höhe
Atmosfera	Atmosphäre
Casco	Helm
Curiosità	Neugier
Escursioni	Wandern
Esperto	Experte
Fisico	Physisch
Formazione	Ausbildung
Forza	Stärke
Grotta	Höhle
Guanti	Handschuhe
Guide	Führer
Lesione	Verletzung
Mappa	Karte
Stabilità	Stabilität
Stivali	Stiefel
Stretto	Schmal
Terreno	Gelände

Arte
Kunst

Ceramica	Keramik
Complesso	Komplex
Creare	Schaffen
Dipinti	Gemälde
Espressione	Ausdruck
Ispirato	Inspiriert
Onesto	Ehrlich
Originale	Original
Personale	Persönlich
Poesia	Poesie
Ritrarre	Porträtieren
Scultura	Skulptur
Semplice	Einfach
Simbolo	Symbol
Soggetto	Gegenstand
Surrealismo	Surrealismus
Umore	Stimmung
Visivo	Visuell

Arti Visive
Bildende Kunst

Architettura	Architektur
Argilla	Ton
Artista	Künstler
Capolavoro	Meisterwerk
Carbone	Holzkohle
Cavalletto	Staffelei
Cera	Wachs
Ceramica	Keramik
Creatività	Kreativität
Film	Film
Fotografia	Foto
Gesso	Kreide
Matita	Bleistift
Penna	Stift
Pittura	Gemälde
Prospettiva	Perspektive
Ritratto	Porträt
Scultura	Skulptur
Stampino	Schablone
Vernice	Lack

Astronomia
Astronomie

Asteroide	Asteroid
Astronauta	Astronaut
Astronomo	Astronom
Cielo	Himmel
Cosmo	Kosmos
Costellazione	Konstellation
Galassia	Galaxie
Gravità	Schwerkraft
Luna	Mond
Meteora	Meteor
Nebulosa	Nebel
Osservatorio	Observatorium
Pianeta	Planet
Radiazione	Strahlung
Razzo	Rakete
Supernova	Supernova
Telescopio	Teleskop
Terra	Erde
Universo	Universum
Zodiaco	Tierkreis

Attività
Aktivitäten

Abilità	Fähigkeit
Arte	Kunst
Artigianato	Kunsthandwerk
Attività	Aktivität
Caccia	Jagd
Campeggio	Camping
Ceramica	Keramik
Cucire	Nähen
Danza	Tanzen
Escursioni	Wandern
Fotografia	Fotografie
Giardinaggio	Gartenarbeit
Giochi	Spiele
Interessi	Interessen
Lettura	Lesen
Magia	Magie
Pesca	Angeln
Piacere	Vergnügen
Rilassamento	Entspannung
Tempo Libero	Freizeit

Attività e Tempo Libero
Aktivitäten und Freizeit

Arte	Kunst
Baseball	Baseball
Basket	Basketball
Boxe	Boxen
Calcio	Fussball
Campeggio	Camping
Escursioni	Wandern
Giardinaggio	Gartenarbeit
Golf	Golf
Hobby	Hobbies
Immersione	Tauchen
Nuoto	Schwimmen
Pallavolo	Volleyball
Pesca	Angeln
Pittura	Gemälde
Rilassante	Entspannend
Shopping	Einkaufen
Surf	Surfen
Tennis	Tennis
Viaggio	Reise

Avventura
Abenteuer

Amici	Freunde
Attività	Aktivität
Bellezza	Schönheit
Caso	Chance
Coraggio	Tapferkeit
Destinazione	Ziel
Difficoltà	Schwierigkeit
Entusiasmo	Begeisterung
Escursione	Ausflug
Gioia	Freude
Insolito	Ungewöhnlich
Itinerario	Route
Natura	Natur
Navigazione	Navigation
Nuovo	Neu
Opportunità	Gelegenheit
Pericoloso	Gefährlich
Preparazione	Vorbereitung
Sicurezza	Sicherheit
Viaggi	Reisen

Balletto
Ballett

Abilità	Fähigkeit
Applauso	Applaus
Artistico	Künstlerisch
Ballerina	Ballerina
Ballerini	Tänzer
Compositore	Komponist
Coreografia	Choreographie
Espressivo	Ausdrucksvoll
Gesto	Geste
Grazioso	Anmutig
Intensità	Intensität
Muscoli	Muskel
Musica	Musik
Orchestra	Orchester
Pratica	Praxis
Prova	Probe
Pubblico	Publikum
Ritmo	Rhythmus
Stile	Stil
Tecnica	Technik

Barbecue
Barbecues

Caldo	Heiss
Cena	Abendessen
Cibo	Essen
Cipolle	Zwiebeln
Coltelli	Messer
Estate	Sommer
Fame	Hunger
Famiglia	Familie
Frutta	Frucht
Giochi	Spiele
Griglia	Grill
Insalate	Salate
Invito	Einladung
Musica	Musik
Pepe	Pfeffer
Pollo	Huhn
Pomodori	Tomaten
Pranzo	Mittagessen
Sale	Salz
Salsa	Sosse

Campeggio
Camping

Alberi	Bäume
Amaca	Hängematte
Animali	Tiere
Avventura	Abenteuer
Bussola	Kompass
Cabina	Kabine
Caccia	Jagd
Canoa	Kanu
Cappello	Hut
Corda	Seil
Divertimento	Spass
Foresta	Wald
Fuoco	Feuer
Insetto	Insekt
Lago	See
Luna	Mond
Mappa	Karte
Montagna	Berg
Natura	Natur
Tenda	Zelt

Campionato
Meisterschaft

Allenatore	Trainer
Campionato	Meisterschaft
Campione	Champion
Finalista	Finalist
Giochi	Spiele
Giudice	Richter
Lega	Liga
Medaglia	Medaille
Motivazione	Motivation
Prestazione	Performance
Resistenza	Ausdauer
Sportivo	Sport
Squadra	Mannschaft
Strategia	Strategie
Sudore	Schweiss
Torneo	Turnier
Vittoria	Sieg

Casa
Haus

Attico	Dachboden
Biblioteca	Bibliothek
Camera	Zimmer
Camino	Kamin
Cucina	Küche
Doccia	Dusche
Finestra	Fenster
Garage	Garage
Giardino	Garten
Lampada	Lampe
Parete	Wand
Pavimento	Boden
Porta	Tür
Recinto	Zaun
Rubinetto	Wasserhahn
Scopa	Besen
Soffitto	Decke
Specchio	Spiegel
Tappeto	Teppich
Tetto	Dach

Castelli
Schlösser

Armatura	Rüstung
Catapulta	Katapult
Cavaliere	Ritter
Cavallo	Pferd
Corona	Krone
Dinastia	Dynastie
Drago	Drache
Feudale	Feudal
Fortezza	Festung
Impero	Reich
Nobile	Edel
Palazzo	Palast
Parete	Wand
Principe	Prinz
Principessa	Prinzessin
Regno	Königreich
Scudo	Schild
Spada	Schwert
Torre	Turm
Unicorno	Einhorn

Cibo #1
Essen #1

Aglio	Knoblauch
Basilico	Basilikum
Cannella	Zimt
Carne	Fleisch
Carota	Karotte
Cipolla	Zwiebel
Fragola	Erdbeere
Insalata	Salat
Latte	Milch
Limone	Zitrone
Menta	Minze
Orzo	Gerste
Pera	Birne
Rapa	Rübe
Sale	Salz
Spinaci	Spinat
Succo	Saft
Tonno	Thunfisch
Torta	Kuchen
Zucchero	Zucker

Cibo #2
Essen #2

Banana	Banane
Broccolo	Brokkoli
Ciliegia	Kirsche
Cioccolato	Schokolade
Formaggio	Käse
Fungo	Pilz
Grano	Weizen
Kiwi	Kiwi
Mela	Apfel
Melanzana	Aubergine
Pane	Brot
Pesce	Fisch
Pollo	Huhn
Pomodoro	Tomate
Prosciutto	Schinken
Riso	Reis
Sedano	Sellerie
Uovo	Ei
Uva	Traube
Yogurt	Joghurt

Cioccolato
Schokolade

Amaro	Bitter
Antiossidante	Antioxidans
Arachidi	Erdnüsse
Aroma	Aroma
Artigianale	Handwerklich
Cacao	Kakao
Calorie	Kalorien
Caramello	Karamell
Delizioso	Köstlich
Dolce	Süss
Esotico	Exotisch
Gusto	Geschmack
Ingrediente	Zutat
Mangiare	Essen
Noce di Cocco	Kokosnuss
Polvere	Pulver
Preferito	Favorit
Qualità	Qualität
Ricetta	Rezept
Zucchero	Zucker

Circo
Zirkus

Acrobata	Akrobat
Animali	Tiere
Biglietto	Fahrkarte
Clown	Clown
Costume	Kostüm
Elefante	Elefant
Giocoliere	Jongleur
Leone	Löwe
Magia	Magie
Mago	Zauberer
Mostrare	Zeigen
Musica	Musik
Palloncini	Ballons
Parata	Parade
Scimmia	Affe
Spettacolare	Spektakulär
Spettatore	Zuschauer
Tenda	Zelt
Tigre	Tiger
Trucco	Trick

Città
Stadt

Aeroporto	Flughafen
Banca	Bank
Biblioteca	Bibliothek
Cinema	Kino
Clinica	Klinik
Farmacia	Apotheke
Fiorista	Blumenhändler
Galleria	Galerie
Hotel	Hotel
Libreria	Buchhandlung
Mercato	Markt
Museo	Museum
Negozio	Geschäft
Panetteria	Bäckerei
Scuola	Schule
Stadio	Stadion
Supermercato	Supermarkt
Teatro	Theater
Università	Universität
Zoo	Zoo

Colori
Farben

Arancia	Orange
Azzurro	Azurblau
Beige	Beige
Bianco	Weiss
Blu	Blau
Ciano	Zyan
Cremisi	Purpur
Fucsia	Fuchsie
Giallo	Gelb
Grigio	Grau
Indaco	Indigo
Magenta	Magenta
Marrone	Braun
Nero	Schwarz
Rosa	Rosa
Rosso	Rot
Seppia	Sepia
Verde	Grün
Viola	Lila

Compleanno
Geburtstag

Amici	Freunde
Anno	Jahr
Calendario	Kalender
Candele	Kerzen
Canzone	Lied
Carte	Karten
Celebrazione	Feier
Divertimento	Spass
Felice	Glücklich
Gioioso	Freudig
Giorno	Tag
Giovane	Jung
Inviti	Einladungen
Nato	Geboren
Regalo	Geschenk
Ricordi	Erinnerungen
Saggezza	Weisheit
Speciale	Spezial
Tempo	Zeit
Torta	Kuchen

Conservazione
Erhaltung

Acqua	Wasser
Ambientale	Umwelt
Ciclo	Zyklus
Clima	Klima
Ecosistema	Ökosystem
Educazione	Bildung
Habitat	Lebensraum
Inquinamento	Verschmutzung
Naturale	Natürlich
Organico	Organisch
Pesticida	Pestizid
Riciclare	Recyceln
Ridurre	Reduzieren
Salute	Gesundheit
Sostenibile	Nachhaltig
Verde	Grün
Volontario	Freiwillige

Corpo Umano
Menschlicher Körper

Bocca	Mund
Caviglia	Knöchel
Cervello	Gehirn
Collo	Hals
Cuore	Herz
Dito	Finger
Faccia	Gesicht
Gamba	Bein
Ginocchio	Knie
Gomito	Ellbogen
Mano	Hand
Mento	Kinn
Naso	Nase
Occhio	Auge
Orecchio	Ohr
Pelle	Haut
Sangue	Blut
Spalla	Schulter
Stomaco	Magen
Testa	Kopf

Cucina
Küche

Bacchette	Essstäbchen
Bollitore	Wasserkocher
Brocca	Krug
Cibo	Essen
Ciotola	Schüssel
Coltelli	Messer
Cucchiai	Löffel
Forchette	Gabeln
Forno	Ofen
Frigorifero	Kühlschrank
Grembiule	Schürze
Griglia	Grill
Mestolo	Kelle
Ricetta	Rezept
Spezie	Gewürze
Spugna	Schwamm
Tazze	Tassen
Tovagliolo	Serviette

Danza
Tanzen

Accademia	Akademie
Arte	Kunst
Classico	Klassisch
Compagno	Partner
Coreografia	Choreographie
Corpo	Körper
Cultura	Kultur
Culturale	Kulturell
Emozione	Emotion
Espressivo	Ausdrucksvoll
Gioioso	Freudig
Grazia	Anmut
Movimento	Bewegung
Musica	Musik
Postura	Haltung
Prova	Probe
Ritmo	Rhythmus
Salto	Springen
Tradizionale	Traditionell
Visivo	Visuell

Dinosauri
Dinosaurier

Ali	Flügel
Coda	Schwanz
Enorme	Enorm
Evoluzione	Evolution
Fossili	Fossilien
Grande	Gross
Mammut	Mammut
Onnivoro	Allesfresser
Preda	Beute
Preistorico	Prähistorisch
Rapace	Raubvogel
Rettile	Reptil
Scomparsa	Verschwinden
Specie	Art
Taglia	Grösse
Terra	Erde
Vizioso	Bösartig

Discipline Scientifiche
Wissenschaftliche Disziplinen

Anatomia	Anatomie
Archeologia	Archäologie
Astronomia	Astronomie
Biochimica	Biochemie
Biologia	Biologie
Botanica	Botanik
Chimica	Chemie
Ecologia	Ökologie
Fisiologia	Physiologie
Geologia	Geologie
Immunologia	Immunologie
Linguistica	Linguistik
Meccanica	Mechanik
Meteorologia	Meteorologie
Mineralogia	Mineralogie
Neurologia	Neurologie
Psicologia	Psychologie
Sociologia	Soziologie
Termodinamica	Thermodynamik
Zoologia	Zoologie

Ecologia
Ökologie

Clima	Klima
Comunità	Gemeinschaft
Diversità	Vielfalt
Fauna	Fauna
Flora	Flora
Globale	Global
Habitat	Lebensraum
Marino	Marine
Montagne	Berge
Natura	Natur
Naturale	Natürlich
Palude	Sumpf
Piante	Pflanzen
Risorse	Ressourcen
Siccità	Dürre
Sopravvivenza	Überleben
Sostenibile	Nachhaltig
Specie	Art
Vegetazione	Vegetation
Volontari	Freiwillige

Edifici
Gebäude

Ambasciata	Botschaft
Appartamento	Apartment
Cabina	Kabine
Castello	Schloss
Cinema	Kino
Fabbrica	Fabrik
Fienile	Scheune
Hotel	Hotel
Laboratorio	Labor
Museo	Museum
Ospedale	Krankenhaus
Osservatorio	Observatorium
Ostello	Herberge
Scuola	Schule
Stadio	Stadion
Supermercato	Supermarkt
Teatro	Theater
Tenda	Zelt
Torre	Turm
Università	Universität

Emozioni
Emotionen

Amore	Liebe
Calma	Ruhig
Contenuto	Inhalt
Eccitato	Aufgeregt
Gioia	Freude
Grato	Dankbar
Imbarazzato	Beschämt
Noia	Langeweile
Pace	Frieden
Paura	Angst
Rabbia	Wut
Rilassato	Entspannt
Rilievo	Relief
Simpatia	Sympathie
Soddisfatto	Zufrieden
Sorpresa	Überraschen
Tenerezza	Zärtlichkeit
Tranquillità	Ruhe
Tristezza	Traurigkeit

Erboristeria
Kräuterkunde

Aglio	Knoblauch
Aneto	Dill
Aromatico	Aromatisch
Basilico	Basilikum
Culinario	Kulinarisch
Dragoncello	Estragon
Finocchio	Fenchel
Fiore	Blume
Giardino	Garten
Ingrediente	Zutat
Lavanda	Lavendel
Maggiorana	Majoran
Menta	Minze
Origano	Oregano
Prezzemolo	Petersilie
Qualità	Qualität
Rosmarino	Rosmarin
Timo	Thymian
Verde	Grün
Zafferano	Safran

Escursionismo
Wandern

Acqua	Wasser
Animali	Tiere
Campeggio	Camping
Clima	Klima
Guide	Führer
Mappa	Karte
Montagna	Berg
Natura	Natur
Orientamento	Orientierung
Parchi	Parks
Pericoli	Gefahren
Pesante	Schwer
Pietre	Steine
Preparazione	Vorbereitung
Scogliera	Klippe
Selvaggio	Wild
Sole	Sonne
Stanco	Müde
Stivali	Stiefel
Vertice	Gipfel

Esplorazione
Erforschung

Animali	Tiere
Attività	Aktivität
Coraggio	Mut
Culture	Kulturen
Eccitazione	Aufregung
Esaurimento	Erschöpfung
Lingua	Sprache
Nuovo	Neu
Per Imparare	Lernen
Pericoli	Gefahren
Pericoloso	Gefährlich
Ricerca	Suche
Sconosciuto	Unbekannt
Scoperta	Entdeckung
Selvaggio	Wild
Spazio	Raum
Terreno	Gelände
Viaggio	Reise

Estate
Sommer

Amici	Freunde
Campeggio	Camping
Cibo	Essen
Famiglia	Familie
Giardino	Garten
Giochi	Spiele
Gioia	Freude
Immersione	Tauchen
Libri	Bücher
Mare	Meer
Musica	Musik
Nuotare	Schwimmen
Ricordi	Erinnerungen
Rilassamento	Entspannung
Sandali	Sandalen
Spiaggia	Strand
Stelle	Sterne
Tempo Libero	Freizeit
Vacanza	Urlaub
Viaggio	Reise

Famiglia
Familie

Antenato	Vorfahr
Bambini	Kinder
Bambino	Kind
Cugino	Vetter
Figlia	Tochter
Fratello	Bruder
Infanzia	Kindheit
Madre	Mutter
Marito	Ehemann
Materno	Mütterlich
Moglie	Ehefrau
Nipote	Neffe
Nipote	Enkel
Nonna	Grossmutter
Nonno	Grossvater
Padre	Vater
Paterno	Väterlich
Sorella	Schwester
Zia	Tante
Zio	Onkel

Fantascienza
Science Fiction

Atomico	Atomic
Cinema	Kino
Distopia	Dystopie
Esplosione	Explosion
Estremo	Extrem
Fantastico	Fantastisch
Fuoco	Feuer
Futuristico	Futuristisch
Galassia	Galaxie
Illusione	Illusion
Immaginario	Imaginär
Libri	Bücher
Misterioso	Geheimnisvoll
Mondo	Welt
Oracolo	Orakel
Pianeta	Planet
Realistico	Realistisch
Robot	Roboter
Tecnologia	Technologie
Utopia	Utopie

Fattoria #1
Bauernhof #1

Acqua	Wasser
Ape	Biene
Asino	Esel
Campo	Feld
Cane	Hund
Capra	Ziege
Cavallo	Pferd
Fertilizzante	Dünger
Fieno	Heu
Gatto	Katze
Gregge	Herde
Maiale	Schwein
Miele	Honig
Mucca	Kuh
Pollo	Huhn
Recinto	Zaun
Riso	Reis
Semi	Saat
Terra	Land
Vitello	Kalb

Fattoria #2
Bauernhof #2

Agnello	Lamm
Agricoltore	Bauer
Alveare	Bienenstock
Anatra	Ente
Animali	Tiere
Cibo	Essen
Fienile	Scheune
Frutta	Frucht
Frutteto	Obstgarten
Grano	Weizen
Irrigazione	Bewässerung
Lama	Lama
Latte	Milch
Mais	Mais
Oche	Gänse
Orzo	Gerste
Pastore	Schäfer
Pecora	Schaf
Prato	Wiese
Trattore	Traktor

Fiori
Blumen

Dente di Leone	Löwenzahn
Gardenia	Gardenie
Gelsomino	Jasmin
Giglio	Lilie
Girasole	Sonnenblume
Ibisco	Hibiskus
Lavanda	Lavendel
Lilla	Lila
Magnolia	Magnolie
Margherita	Gänseblümchen
Mazzo	Strauss
Orchidea	Orchidee
Papavero	Mohn
Passiflora	Passionsblume
Peonia	Pfingstrose
Petalo	Blütenblatt
Plumeria	Plumeria
Rosa	Rose
Trifoglio	Klee
Tulipano	Tulpe

Foresta Pluviale
Regenwald

Anfibi	Amphibien
Botanico	Botanisch
Clima	Klima
Comunità	Gemeinschaft
Diversità	Vielfalt
Giungla	Dschungel
Indigeno	Einheimisch
Insetti	Insekten
Mammiferi	Säugetiere
Muschio	Moos
Natura	Natur
Nuvole	Wolken
Prezioso	Wertvoll
Rifugio	Zuflucht
Rispetto	Respekt
Sopravvivenza	Überleben
Specie	Art
Uccelli	Vögel

Forme
Formen

Angolo	Ecke
Arco	Bogen
Bordi	Kanten
Cerchio	Kreis
Cilindro	Zylinder
Cono	Kegel
Cubo	Würfel
Curva	Kurve
Ellisse	Ellipse
Iperbole	Hyperbel
Lato	Seite
Linea	Linie
Ovale	Oval
Piramide	Pyramide
Poligono	Polygon
Prisma	Prisma
Quadrato	Quadrat
Rettangolo	Rechteck
Sfera	Kugel
Triangolo	Dreieck

Forniture Artistiche
Kunst Liefert

Acqua	Wasser
Acrilico	Acryl
Argilla	Ton
Carbone	Holzkohle
Carta	Papier
Cavalletto	Staffelei
Colla	Leim
Colori	Farben
Creatività	Kreativität
Gomma	Radiergummi
Idee	Ideen
Inchiostro	Tinte
Matite	Bleistifte
Olio	Öl
Sedia	Stuhl
Spazzole	Bürsten
Tavolo	Tabelle
Telecamera	Kamera

Frutta
Obst

Albicocca	Aprikose
Ananas	Ananas
Arancia	Orange
Avocado	Avocado
Bacca	Beere
Banana	Banane
Ciliegia	Kirsche
Kiwi	Kiwi
Lampone	Himbeere
Limone	Zitrone
Mango	Mango
Mela	Apfel
Melone	Melone
Mora	Brombeere
Nettarina	Nektarine
Papaia	Papaya
Pera	Birne
Pesca	Pfirsich
Prugna	Pflaume
Uva	Traube

Gatti
Katzen

Affettuoso	Liebevoll
Artiglio	Kralle
Cacciatore	Jäger
Coda	Schwanz
Curioso	Neugierig
Divertente	Komisch
Dormire	Schlafen
Filo	Garn
Giocoso	Verspielt
Indipendente	Unabhängig
Pazzo	Verrückt
Pelliccia	Fell
Poco	Wenig
Selvaggio	Wild
Timido	Schüchtern
Topo	Maus
Veloce	Schnell
Zampa	Pfote

Geografia
Geographie

Altitudine	Höhe
Atlante	Atlas
Città	Stadt
Continente	Kontinent
Emisfero	Hemisphäre
Fiume	Fluss
Isola	Insel
Latitudine	Breite
Longitudine	Längengrad
Mappa	Karte
Mare	Meer
Meridiano	Meridian
Mondo	Welt
Montagna	Berg
Nord	Norden
Ovest	West
Paese	Land
Regione	Region
Sud	Süden
Territorio	Gebiet

Geologia
Geologie

Acido	Säure
Altopiano	Plateau
Calcio	Kalzium
Caverna	Höhle
Continente	Kontinent
Corallo	Koralle
Cristalli	Kristalle
Erosione	Erosion
Fossile	Fossil
Geyser	Geysir
Lava	Lava
Minerali	Mineralien
Pietra	Stein
Quarzo	Quarz
Sale	Salz
Stalagmiti	Stalagmiten
Stalattite	Stalaktit
Strato	Schicht
Terremoto	Erdbeben
Vulcano	Vulkan

Giardino
Garten

Albero	Baum
Amaca	Hängematte
Cespuglio	Busch
Erba	Gras
Erbacce	Unkraut
Fiore	Blume
Frutteto	Obstgarten
Garage	Garage
Giardino	Garten
Pala	Schaufel
Panca	Bank
Portico	Veranda
Prato	Rasen
Rastrello	Rechen
Recinto	Zaun
Stagno	Teich
Suolo	Boden
Terrazza	Terrasse
Trampolino	Trampolin
Tubo	Schlauch

Giocattoli
Spielzeuge

Aereo	Flugzeug
Aquilone	Drachen
Argilla	Ton
Artigianato	Kunsthandwerk
Auto	Auto
Bambola	Puppe
Barca	Boot
Batteria	Schlagzeug
Bicicletta	Fahrrad
Camion	Lkw
Giochi	Spiele
Immaginazione	Phantasie
Libri	Bücher
Palla	Ball
Preferito	Favorit
Puzzle	Puzzle
Robot	Roboter
Scacchi	Schach
Treno	Zug

Giorni e Mesi
Tage und Monate

Agosto	August
Anno	Jahr
Aprile	April
Calendario	Kalender
Dicembre	Dezember
Domenica	Sonntag
Febbraio	Februar
Gennaio	Januar
Giugno	Juni
Luglio	Juli
Lunedì	Montag
Martedì	Dienstag
Mercoledì	Mittwoch
Mese	Monat
Novembre	November
Ottobre	Oktober
Sabato	Samstag
Settembre	September
Settimana	Woche
Venerdì	Freitag

Guida
Fahren

Attenzione	Vorsicht
Auto	Auto
Autobus	Bus
Carburante	Brennstoff
Freni	Bremsen
Garage	Garage
Gas	Gas
Incidente	Unfall
Licenza	Lizenz
Mappa	Karte
Moto	Motorrad
Motore	Motor
Pedonale	Fussgänger
Pericolo	Gefahr
Polizia	Polizei
Sicurezza	Sicherheit
Strada	Strasse
Traffico	Verkehr
Trasporto	Transport
Tunnel	Tunnel

Imbarcazioni
Boote

Albero	Mast
Ancora	Anker
Barca a Vela	Segelboot
Boa	Boje
Canoa	Kanu
Corda	Seil
Equipaggio	Crew
Fiume	Fluss
Kayak	Kajak
Lago	See
Mare	Meer
Marea	Tide
Marinaio	Seemann
Motore	Motor
Nautico	Nautisch
Oceano	Ozean
Onde	Wellen
Traghetto	Fähre
Yacht	Yacht
Zattera	Floss

Insetti
Insekten

Afide	Blattlaus
Ape	Biene
Calabrone	Hornisse
Cavalletta	Heuschrecke
Cicala	Zikade
Coccinella	Marienkäfer
Coleottero	Käfer
Falena	Motte
Farfalla	Schmetterling
Formica	Ameise
Larva	Larve
Libellula	Libelle
Pulce	Floh
Scarafaggio	Kakerlake
Termite	Termite
Verme	Wurm
Vespa	Wespe
Zanzara	Mücke

Letteratura
Literatur

Analisi	Analyse
Analogia	Analogie
Aneddoto	Anekdote
Autore	Autor
Biografia	Biographie
Confronto	Vergleich
Critica	Kritik
Descrizione	Beschreibung
Dialogo	Dialog
Genere	Genre
Metafora	Metapher
Opinione	Meinung
Poesia	Gedicht
Poetico	Poetisch
Rima	Reim
Ritmo	Rhythmus
Romanzo	Roman
Stile	Stil
Tema	Thema
Tragedia	Tragödie

Libri
Bücher

Autore	Autor
Avventura	Abenteuer
Collezione	Kollektion
Contesto	Kontext
Dualità	Dualität
Epico	Episch
Inventivo	Erfinderisch
Letterario	Literarisch
Lettore	Leser
Narratore	Erzähler
Pagina	Seite
Poesia	Poesie
Rilevante	Relevant
Romanzo	Roman
Scritto	Geschrieben
Serie	Serie
Storia	Geschichte
Storico	Historisch
Tragico	Tragisch
Umoristico	Humorvoll

Mammiferi
Säugetiere

Balena	Wal
Cane	Hund
Canguro	Känguru
Cavallo	Pferd
Cervo	Hirsch
Coniglio	Hase
Coyote	Kojote
Delfino	Delfin
Elefante	Elefant
Gatto	Katze
Giraffa	Giraffe
Gorilla	Gorilla
Leone	Löwe
Lupo	Wolf
Orso	Bär
Pecora	Schaf
Scimmia	Affe
Toro	Stier
Volpe	Fuchs
Zebra	Zebra

Matematica
Mathematik

Angoli	Winkel
Aritmetica	Arithmetik
Decimale	Dezimal
Diametro	Durchmesser
Divisione	Division
Equazione	Gleichung
Esponente	Exponent
Frazione	Bruchteil
Geometria	Geometrie
Parallelo	Parallel
Perimetro	Umfang
Perpendicolare	Senkrecht
Poligono	Polygon
Quadrato	Quadrat
Raggio	Radius
Rettangolo	Rechteck
Simmetria	Symmetrie
Somma	Summe
Triangolo	Dreieck
Volume	Volumen

Meditazione
Meditation

Accettazione	Annahme
Calma	Ruhig
Chiarezza	Klarheit
Compassione	Mitgefühl
Felicità	Glück
Gratitudine	Dankbarkeit
Insegnamenti	Lehre
Intuizione	Einblick
Mentale	Geistig
Mente	Verstand
Movimento	Bewegung
Musica	Musik
Natura	Natur
Pace	Frieden
Pensieri	Gedanken
Postura	Haltung
Prospettiva	Perspektive
Respirazione	Atmung
Silenzio	Stille
Sveglio	Wach

Meteo
Wetter

Arcobaleno	Regenbogen
Asciutto	Trocken
Atmosfera	Atmosphäre
Brezza	Brise
Cielo	Himmel
Clima	Klima
Fulmine	Blitz
Ghiaccio	Eis
Monsone	Monsun
Nebbia	Nebel
Nube	Wolke
Polare	Polar
Siccità	Dürre
Temperatura	Temperatur
Tempesta	Sturm
Tornado	Tornado
Tropicale	Tropisch
Tuono	Donner
Uragano	Hurrikan
Vento	Wind

Misurazioni
Messungen

Altezza	Höhe
Byte	Byte
Centimetro	Zentimeter
Chilogrammo	Kilogramm
Chilometro	Kilometer
Decimale	Dezimal
Grado	Grad
Grammo	Gramm
Larghezza	Breite
Litro	Liter
Lunghezza	Länge
Massa	Masse
Metro	Meter
Minuto	Minute
Oncia	Unze
Peso	Gewicht
Pollice	Zoll
Profondità	Tiefe
Tonnellata	Tonne
Volume	Volumen

Mitologia
Mythologie

Archetipo	Archetyp
Comportamento	Verhalten
Creatura	Kreatur
Creazione	Kreation
Cultura	Kultur
Disastro	Katastrophe
Divinità	Gottheiten
Eroe	Held
Forza	Stärke
Fulmine	Blitz
Gelosia	Eifersucht
Guerriero	Krieger
Labirinto	Labyrinth
Leggenda	Legende
Magico	Magisch
Mortale	Sterblich
Mostro	Monster
Paradiso	Himmel
Tuono	Donner
Vendetta	Rache

Mobili
Möbel

Amaca	Hängematte
Armoire	Schrank
Cuscino	Kissen
Divano	Couch
Futon	Futon
Lampada	Lampe
Letto	Bett
Libreria	Bücherregal
Materasso	Matratze
Panca	Bank
Poltrona	Sessel
Scaffali	Regal
Scrivania	Schreibtisch
Sedia	Stuhl
Specchio	Spiegel
Tappeto	Teppich
Tende	Vorhang

Natura
Natur

Animali	Tiere
Api	Bienen
Artico	Arktis
Bellezza	Schönheit
Deserto	Wüste
Dinamico	Dynamisch
Erosione	Erosion
Fiume	Fluss
Fogliame	Laub
Foresta	Wald
Ghiacciaio	Gletscher
Montagne	Berge
Nebbia	Nebel
Nuvole	Wolken
Rifugio	Schutz
Santuario	Heiligtum
Selvaggio	Wild
Sereno	Heiter
Tropicale	Tropisch
Vitale	Lebenswichtig

Numeri
Zahlen

Cinque	Fünf
Decimale	Dezimal
Diciannove	Neunzehn
Diciassette	Siebzehn
Diciotto	Achtzehn
Dieci	Zehn
Dodici	Zwölf
Due	Zwei
Nove	Neun
Otto	Acht
Quattordici	Vierzehn
Quattro	Vier
Quindici	Fünfzehn
Sedici	Sechzehn
Sei	Sechs
Sette	Sieben
Tre	Drei
Tredici	Dreizehn
Venti	Zwanzig
Zero	Null

Nutrizione
Ernährung

Amaro	Bitter
Appetito	Appetit
Bilanciato	Ausgewogen
Calorie	Kalorien
Carboidrati	Kohlenhydrate
Commestibile	Essbar
Dieta	Diät
Digestione	Verdauung
Fermentazione	Fermentation
Liquidi	Flüssigkeiten
Nutriente	Nährstoff
Peso	Gewicht
Proteine	Proteine
Qualità	Qualität
Salsa	Sosse
Salute	Gesundheit
Sano	Gesund
Spezie	Gewürze
Tossina	Toxin
Vitamina	Vitamin

Oceano
Ozean

Anguilla	Aal
Balena	Wal
Barca	Boot
Corallo	Koralle
Delfino	Delfin
Gamberetto	Garnele
Granchio	Krabbe
Maree	Gezeiten
Medusa	Qualle
Onde	Wellen
Ostrica	Auster
Pesce	Fisch
Polpo	Krake
Sale	Salz
Scogliera	Riff
Spugna	Schwamm
Squalo	Hai
Tartaruga	Schildkröte
Tempesta	Sturm
Tonno	Thunfisch

Paesaggi
Landschaften

Cascata	Wasserfall
Collina	Hügel
Deserto	Wüste
Fiume	Fluss
Geyser	Geysir
Ghiacciaio	Gletscher
Grotta	Höhle
Iceberg	Eisberg
Isola	Insel
Lago	See
Mare	Meer
Montagna	Berg
Oasi	Oase
Oceano	Ozean
Palude	Sumpf
Penisola	Halbinsel
Spiaggia	Strand
Tundra	Tundra
Valle	Tal
Vulcano	Vulkan

Paesi #2
Länder #2

Albania	Albanien
Danimarca	Dänemark
Etiopia	Äthiopien
Giamaica	Jamaika
Giappone	Japan
Grecia	Griechenland
Haiti	Haiti
Indonesia	Indonesien
Irlanda	Irland
Laos	Laos
Liberia	Liberia
Messico	Mexiko
Nepal	Nepal
Nigeria	Nigeria
Pakistan	Pakistan
Russia	Russland
Siria	Syrien
Sudan	Sudan
Ucraina	Ukraine
Uganda	Uganda

Pesca
Angeln

Acqua	Wasser
Attrezzatura	Ausrüstung
Barca	Boot
Branchie	Kiemen
Cesto	Korb
Cucinare	Kochen
Esagerazione	Übertreibung
Esca	Köder
Filo	Draht
Fiume	Fluss
Gancio	Haken
Lago	See
Mascella	Kiefer
Oceano	Ozean
Pazienza	Geduld
Peso	Gewicht
Pinne	Flossen
Spiaggia	Strand
Stagione	Jahreszeit

Piante
Pflanzen

Albero	Baum
Bacca	Beere
Bambù	Bambus
Botanica	Botanik
Cactus	Kaktus
Cespuglio	Busch
Crescere	Wachsen
Edera	Efeu
Erba	Gras
Fagiolo	Bohne
Fertilizzante	Dünger
Fiore	Blume
Flora	Flora
Fogliame	Laub
Foresta	Wald
Giardino	Garten
Muschio	Moos
Petalo	Blütenblatt
Radice	Wurzel
Vegetazione	Vegetation

Pirati
Piraten

Ancora	Anker
Avventura	Abenteuer
Bandiera	Flagge
Bussola	Kompass
Capitano	Kapitän
Cattivo	Schlecht
Cicatrice	Narbe
Equipaggio	Crew
Grotta	Höhle
Isola	Insel
Leggenda	Legende
Mappa	Karte
Monete	Münzen
Oro	Gold
Pappagallo	Papagei
Pericolo	Gefahr
Rum	Rum
Spada	Schwert
Spiaggia	Strand
Tesoro	Schatz

Professioni #1
Berufe #1

Allenatore	Trainer
Ambasciatore	Botschafter
Artista	Künstler
Astronomo	Astronom
Avvocato	Rechtsanwalt
Ballerino	Tänzer
Banchiere	Bankier
Cacciatore	Jäger
Cartografo	Kartograph
Editore	Editor
Farmacista	Apotheker
Geologo	Geologe
Gioielliere	Juwelier
Idraulico	Klempner
Marinaio	Seemann
Medico	Arzt
Musicista	Musiker
Pianista	Pianist
Psicologo	Psychologe
Veterinario	Tierarzt

Professioni #2
Berufe #2

Astronauta	Astronaut
Bibliotecario	Bibliothekar
Biologo	Biologe
Chirurgo	Chirurg
Dentista	Zahnarzt
Filosofo	Philosoph
Fotografo	Fotograf
Giardiniere	Gärtner
Giornalista	Journalist
Illustratore	Illustrator
Ingegnere	Ingenieur
Insegnante	Lehrer
Inventore	Erfinder
Investigatore	Ermittler
Linguista	Linguist
Medico	Arzt
Pilota	Pilot
Pittore	Maler
Ricercatore	Forscher
Zoologo	Zoologe

Riempire
Zu Füllen

Bacino	Becken
Barile	Fass
Borsa	Tasche
Bottiglia	Flasche
Busta	Umschlag
Cartella	Mappe
Cartone	Karton
Cassa	Kiste
Cassetto	Schublade
Cesto	Korb
Nave	Schiff
Pacchetto	Paket
Scatola	Box
Secchio	Eimer
Tubo	Rohr
Valigia	Koffer
Vasca	Wanne
Vaso	Vase
Vassoio	Tablett

Ristorante #1
Restaurant #1

Allergia	Allergie
Caffè	Kaffee
Cameriera	Kellnerin
Carne	Fleisch
Cassiere	Kassierer
Cibo	Essen
Ciotola	Schüssel
Coltello	Messer
Cucina	Küche
Dessert	Dessert
Menù	Menü
Pane	Brot
Piatto	Teller
Piccante	Würzig
Pollo	Huhn
Prenotazione	Reservierung
Salsa	Sosse
Tovagliolo	Serviette

Ristorante #2
Restaurant #2

Acqua	Wasser
Aperitivo	Vorspeise
Bevanda	Getränk
Cameriere	Kellner
Cena	Abendessen
Cucchiaio	Löffel
Delizioso	Köstlich
Forchetta	Gabel
Frutta	Frucht
Ghiaccio	Eis
Insalata	Salat
Minestra	Suppe
Pesce	Fisch
Pranzo	Mittagessen
Sale	Salz
Sedia	Stuhl
Spezie	Gewürze
Torta	Kuchen
Uova	Eier
Verdure	Gemüse

Scacchi
Schach

Avversario	Gegner
Bianco	Weiss
Campione	Champion
Concorso	Wettbewerb
Diagonale	Diagonal
Giocatore	Spieler
Gioco	Spiel
Intelligente	Klug
Nero	Schwarz
Passivo	Passiv
Per Imparare	Lernen
Punti	Punkte
Re	König
Regina	Königin
Regole	Regeln
Sacrificio	Opfer
Strategia	Strategie
Tempo	Zeit
Torneo	Turnier

Scienza
Wissenschaft

Atomo	Atom
Chimico	Chemisch
Clima	Klima
Dati	Daten
Esperimento	Experiment
Evoluzione	Evolution
Fatto	Tatsache
Fisica	Physik
Fossile	Fossil
Gravità	Schwerkraft
Ipotesi	Hypothese
Laboratorio	Labor
Metodo	Methode
Minerali	Mineralien
Molecole	Moleküle
Natura	Natur
Organismo	Organismus
Particelle	Partikel
Piante	Pflanzen

Scuola #1
Schule #1

Alfabeto	Alphabet
Amici	Freunde
Aula	Klassenzimmer
Biblioteca	Bibliothek
Carta	Papier
Cartelle	Ordner
Divertimento	Spass
Esami	Prüfungen
Insegnante	Lehrer
Libri	Bücher
Matematica	Mathematik
Matita	Bleistift
Numeri	Zahlen
Penne	Stifte
Pranzo	Mittagessen
Quiz	Quiz
Risposte	Antworten
Scrivania	Schreibtisch
Scrivere	Schreiben
Sedia	Stuhl

Scuola #2
Schule #2

Accademico	Akademisch
Autobus	Bus
Biblioteca	Bibliothek
Calendario	Kalender
Carta	Papier
Computer	Computer
Dizionario	Wörterbuch
Educazione	Bildung
Forbici	Schere
Giochi	Spiele
Grammatica	Grammatik
Insegnante	Lehrer
Letteratura	Literatur
Lettura	Lesen
Libri	Bücher
Matematica	Mathematik
Matita	Bleistift
Scarpe	Schuhe
Scienza	Wissenschaft
Zaino	Rucksack

Spezie
Gewürze

Aglio	Knoblauch
Amaro	Bitter
Anice	Anis
Cannella	Zimt
Cardamomo	Kardamom
Cipolla	Zwiebel
Coriandolo	Koriander
Cumino	Kreuzkümmel
Curcuma	Kurkuma
Curry	Curry
Dolce	Süss
Finocchio	Fenchel
Liquirizia	Lakritze
Noce Moscata	Muskatnuss
Paprika	Paprika
Pepe	Pfeffer
Sale	Salz
Vaniglia	Vanille
Zafferano	Safran
Zenzero	Ingwer

Spiaggia
Strand

Asciugamano	Handtuch
Barca	Boot
Barca a Vela	Segelboot
Blu	Blau
Costa	Küste
Dock	Dock
Granchio	Krabbe
Isola	Insel
Laguna	Lagune
Mare	Meer
Nuotare	Schwimmen
Oceano	Ozean
Ombrello	Regenschirm
Sabbia	Sand
Sandali	Sandalen
Scogliera	Riff
Sole	Sonne
Vacanza	Urlaub

Sport
Sport

Allenatore	Trainer
Atleta	Athlet
Baseball	Baseball
Basket	Basketball
Bicicletta	Fahrrad
Campionato	Meisterschaft
Ginnastica	Gymnastik
Giocatore	Spieler
Gioco	Spiel
Golf	Golf
Hockey	Eishockey
Movimento	Bewegung
Nuotare	Schwimmen
Palestra	Gymnasium
Squadra	Mannschaft
Stadio	Stadion
Tennis	Tennis
Vincitore	Gewinner

Strumenti Musicali
Musikinstrumente

Armonica	Mundharmonika
Arpa	Harfe
Banjo	Banjo
Chitarra	Gitarre
Clarinetto	Klarinette
Fagotto	Fagott
Flauto	Flöte
Gong	Gong
Mandolino	Mandoline
Marimba	Marimba
Oboe	Oboe
Percussione	Schlagzeug
Pianoforte	Klavier
Sassofono	Saxophon
Tamburello	Tamburin
Tamburo	Trommel
Tromba	Trompete
Trombone	Posaune
Violino	Geige
Violoncello	Cello

Surf
Surfen

Atleta	Athlet
Campione	Champion
Divertimento	Spass
Estremo	Extrem
Folla	Mengen
Forza	Stärke
Meteo	Wetter
Nuotare	Schwimmen
Oceano	Ozean
Onda	Welle
Pagaia	Paddel
Popolare	Beliebt
Principiante	Anfänger
Schiuma	Schaum
Scogliera	Riff
Spiaggia	Strand
Spray	Spray
Stile	Stil
Stomaco	Magen

Tecnologia
Technologie

Blog	Blog
Browser	Browser
Byte	Bytes
Computer	Computer
Cursore	Cursor
Dati	Daten
Digitale	Digital
File	Datei
Font	Schriftart
Internet	Internet
Messaggio	Nachricht
Ricerca	Forschung
Schermo	Bildschirm
Sicurezza	Sicherheit
Software	Software
Statistiche	Statistik
Telecamera	Kamera
Virtuale	Virtuell
Virus	Virus

Tempo
Zeit

Anno	Jahr
Annuale	Jährlich
Calendario	Kalender
Decennio	Jahrzehnt
Dopo	Nach
Futuro	Zukunft
Giorno	Tag
Ieri	Gestern
Mattina	Morgen
Mese	Monat
Mezzogiorno	Mittag
Minuto	Minute
Notte	Nacht
Oggi	Heute
Ora	Stunde
Orologio	Uhr
Presto	Bald
Prima	Vor
Secolo	Jahrhundert
Settimana	Woche

Tipi di Capelli
Haartypen

Argento	Silber
Asciutto	Trocken
Bianco	Weiss
Biondo	Blond
Breve	Kurz
Calvo	Kahl
Colorato	Farbig
Grigio	Grau
Intrecciato	Geflochten
Liscio	Glatt
Lungo	Lang
Marrone	Braun
Morbido	Weich
Nero	Schwarz
Riccio	Lockig
Riccioli	Locken
Sano	Gesund
Sottile	Dünn
Spessore	Dick
Trecce	Zöpfe

Uccelli
Vögel

Airone	Reiher
Anatra	Ente
Aquila	Adler
Cicogna	Storch
Cigno	Schwan
Cuculo	Kuckuck
Falco	Falke
Fenicottero	Flamingo
Gabbiano	Möwe
Oca	Gans
Pappagallo	Papagei
Passero	Spatz
Pavone	Pfau
Pellicano	Pelikan
Piccione	Taube
Pinguino	Pinguin
Pollo	Huhn
Struzzo	Strauss
Tucano	Toucan
Uovo	Ei

Vacanza #1
Urlaub #1

Aereo	Flugzeug
Auto	Auto
Biglietto	Fahrkarte
Dogana	Zoll
Itinerario	Route
Lago	See
Museo	Museum
Nuotare	Schwimmen
Ombrello	Regenschirm
Partenza	Abreise
Rilassamento	Entspannung
Spedizione	Expedition
Tram	Strassenbahn
Turismo	Tourist
Valigia	Koffer
Valuta	Währung
Zaino	Rucksack

Vacanze #2
Urlaub #2

Aeroporto	Flughafen
Campeggio	Camping
Destinazione	Ziel
Foto	Fotos
Hotel	Hotel
Isola	Insel
Mappa	Karte
Mare	Meer
Passaporto	Pass
Ristorante	Restaurant
Spiaggia	Strand
Straniero	Ausländer
Taxi	Taxi
Tempo Libero	Freizeit
Tenda	Zelt
Trasporto	Transport
Treno	Zug
Vacanza	Urlaub
Viaggio	Reise
Visto	Visum

Veicoli
Fahrzeuge

Aereo	Flugzeug
Ambulanza	Krankenwagen
Auto	Auto
Autobus	Bus
Barca	Boot
Bicicletta	Fahrrad
Camion	Lkw
Caravan	Wohnwagen
Elicottero	Hubschrauber
Metropolitana	U-Bahn
Motore	Motor
Pneumatici	Reifen
Razzo	Rakete
Scooter	Roller
Sottomarino	U-Boot
Taxi	Taxi
Traghetto	Fähre
Trattore	Traktor
Treno	Zug
Zattera	Floss

Verdure
Gemüse

Aglio	Knoblauch
Broccolo	Brokkoli
Carciofo	Artischocke
Carota	Karotte
Cetriolo	Gurke
Cipolla	Zwiebel
Fungo	Pilz
Insalata	Salat
Melanzana	Aubergine
Patata	Kartoffel
Pisello	Erbse
Pomodoro	Tomate
Prezzemolo	Petersilie
Rapa	Rübe
Ravanello	Rettich
Scalogno	Schalotte
Sedano	Sellerie
Spinaci	Spinat
Zenzero	Ingwer
Zucca	Kürbis

Vestiti
Kleidung

Abito	Kleid
Braccialetto	Armband
Camicetta	Bluse
Camicia	Hemd
Cappello	Hut
Cappotto	Mantel
Cintura	Gürtel
Collana	Halskette
Giacca	Jacke
Gonna	Rock
Grembiule	Schürze
Guanti	Handschuhe
Jeans	Jeans
Maglione	Pullover
Moda	Mode
Pantaloni	Hose
Pigiama	Schlafanzug
Sandali	Sandalen
Scarpa	Schuh
Sciarpa	Schal

Virtù #1
Tugenden #1

Affascinante	Charmant
Affidabile	Zuverlässig
Artistico	Künstlerisch
Buono	Gut
Curioso	Neugierig
Decisivo	Entscheidend
Divertente	Komisch
Efficiente	Effizient
Generoso	Grosszügig
Indipendente	Unabhängig
Intelligente	Intelligent
Modesto	Bescheiden
Paziente	Geduldig
Pratico	Praktisch
Pulito	Sauber
Saggio	Weise
Utile	Hilfreich

Congratulazioni

Ce l'hai fatta!

Speriamo che questo libro vi sia piaciuto tanto quanto a noi è piaciuto concepirlo. Ci sforziamo di creare libri della più alta qualità possibile.
Questa edizione è progettata per fornire un apprendimento intelligente, di qualità e divertente!

Le è piaciuto questo libro?

Una Semplice Richiesta

Questi libri esistono grazie alle recensioni che pubblicate.

Puoi aiutarci lasciando una recensione
ora a questo link ?

BestBooksActivity.com/Recensioni50

SFIDA FINALE!

Sfida n°1

Sei pronto per il tuo gioco gratuito? Li usiamo sempre, ma non sono così facili da trovare - ecco i **Sinonimi!**

Scrivi 5 parole che hai trovato nei puzzle (n° 21, n° 36, n° 76) e prova a trovare 2 sinonimi per ogni parola.

Scrivi 5 parole del *Puzzle 21*

Parole	Sinonimo 1	Sinonimo 2

Scrivi 5 parole del *Puzzle 36*

Parole	Sinonimo 1	Sinonimo 2

Scrivi 5 parole del *Puzzle 76*

Parole	Sinonimo 1	Sinonimo 2

Sfida n°2

Ora che ti sei riscaldato, scrivi 5 parole che hai trovato nei puzzle n° 9, n° 17 e n° 25 e cerca di trovare 2 contrari per ogni parola. Quanti ne puoi trovare in 20 minuti?

Scrivi 5 parole del **Puzzle 9**

Parole	Antonimo 1	Antonimo 2

Scrivi 5 parole del **Puzzle 17**

Parole	Antonimo 1	Antonimo 2

Scrivi 5 parole del **Puzzle 25**

Parole	Antonimo 1	Antonimo 2

Sfida n°3

Grande! Questa sfida non è niente per te!

Pronto per la sfida finale? Scegli 10 parole che hai scoperto nei diversi puzzle e scrivile qui sotto.

1.	6.
2.	7.
3.	8.
4.	9.
5.	10.

Ora scrivi un testo pensando a una persona, un animale o un luogo che ti piace.

Puoi usare l'ultima pagina di questo libro come bozza.

La tua composizione:

TACCUINO:

A PRESTO!

Tutta la Squadra